RALLUMONS LES LUMIÈRES

FABRICE HACCOUN

RALLUMONS LES LUMIÈRES

… pour sortir la France de l'obscurité

l'Archipel

Un livre présenté par Michaël Darmon

Notre catalogue est consultable à l'adresse suivante :
www.editionsarchipel.com

Éditions de l'Archipel
92, avenue de France
75013 Paris

ISBN 978-2-8098-4881-6

À mes parents, Nancy (partie trop tôt) et Lucien.
Je ne vous remercierai jamais assez pour les valeurs que vous m'avez transmises. C'est un héritage inestimable.

À mes trois enfants, Ruben, Benjamin et Laura.
Vous m'avez donné l'envie de contribuer à bâtir un monde meilleur.

À Aaron, Yoav, Noa, Sasha, Eytan, Adam, Liam et à Raphaël et Samuel qui, tout comme mes enfants, prendront demain le relais.
Je souhaite vous laisser ce témoignage de mon parcours et de mon engagement afin qu'à votre tour vous œuvriez, en libres penseurs, en faveur de vos frères humains.

Avant-propos

«Les représentants du peuple français, constitués en Assemblée nationale, considérant que l'ignorance, l'oubli ou le mépris des droits de l'homme sont les seules causes des malheurs publics et de la corruption des gouvernements, ont résolu d'exposer, dans une déclaration solennelle, les droits naturels, inaliénables et sacrés de l'homme, afin que cette déclaration, constamment présente à tous les membres du corps social, leur rappelle sans cesse leurs droits et leurs devoirs; afin que les actes du pouvoir législatif, et ceux du pouvoir exécutif, pouvant être à chaque instant comparés avec le but de toute institution politique, en soient plus respectés; afin que les réclamations des citoyens, fondées désormais sur des principes simples et incontestables, tournent toujours au maintien de la Constitution et au bonheur de tous.»

Ce texte qui semble si moderne date de... 1789. Il s'agit du préambule de la Déclaration des droits de l'homme et du citoyen qui donnera naissance, trois ans plus tard, à la Première République française. À une époque où les inégalités des droits étaient la norme, des individus se sont élevés pour porter une pensée au sens presque mystique du terme. Ainsi naquit la philosophie des Lumières qui enfanta la Révolution. La sémantique est d'ailleurs intéressante. Alors qu'en France nous évoquons les «Lumières», suggérant ainsi un processus d'évolution philosophique et moral, les pays anglo-saxons usent du terme «illumination», comme s'il s'agissait d'une révélation transcendantale.

Tel fut leur objectif: ériger un modèle de société fondé sur l'égalité et un système politique qui accorde une place centrale à l'individu. Avant les philosophes des Lumières, Descartes, Spinoza, Locke, Bayle, Newton ou Copernic s'étaient déjà opposés à l'Église pour faire valoir une vision du monde ancrée sur la connaissance scientifique et l'expérimentation. Leur héritage a ouvert la voie à Voltaire, Diderot, Montesquieu, Rousseau ou Condorcet, qui promouvront une structure sociale dans laquelle la connaissance prime sur la croyance. Nos démocraties modernes sont ainsi nées de cette idée révolutionnaire: les droits humains sont universels. Les différences sociales, ethniques ou religieuses ne peuvent donc en aucun cas entraver l'égalité puisque celle-ci est consubstantielle à l'espèce humaine. Cette perspective implique la défense des libertés individuelles, la fin des régimes autoritaires de droit divin, l'affranchissement du joug de l'Église et l'avènement du libéralisme, qui engendreront la révolution industrielle et la marche en avant vers la modernité.

Le siècle des Lumières s'étend sur toute l'Europe entre 1715 et 1789. Les philosophes œuvrent pour offrir au peuple l'accès à la vérité ainsi qu'à un bonheur reposant sur la liberté et la connaissance. Dans cette perspective, ils remettent en cause les fondements de la religion, contestent la monarchie absolue, dénoncent les inégalités sociales et combattent l'esclavage. Montesquieu théorise la séparation des trois pouvoirs, Voltaire s'élève contre les abus judiciaires et le fanatisme religieux, Rousseau traite de la souveraineté du peuple, tandis que Diderot rédige avec d'autres érudits une encyclopédie universelle. Bien que leurs approches puissent varier, l'ensemble de ces philosophes partagent un objectif commun : la lutte pour l'égalité. Ils revendiquent la tolérance, ont foi dans le progrès plutôt qu'en Dieu, prônent la recherche du bonheur comme but de l'existence. Ils incitent leurs contemporains à penser par eux-mêmes, à développer leur sens critique et à s'affranchir des superstitions. Leurs idées seront reprises lors de la rédaction des cahiers de doléances à la veille de la Révolution française.

Le siècle des Lumières commence historiquement à la mort de Louis XIV, en 1715. Ce courant de pensée se développe dans un climat intellectuel propice. La monarchie subit de fortes critiques car les rois ne parviennent pas à réformer l'État. La bourgeoisie, qui obtient davantage de pouvoir, conteste les privilèges des nobles. Le XVIIIe siècle est aussi celui des inventions (machine à vapeur) et des explorations géographiques. Les échanges se développent, la colonisation est en plein essor, l'Europe s'ouvre sur le monde. Les idées des Lumières se diffusent dans les salons. Les philosophes voyagent pour partager leurs concepts : Voltaire se rend auprès de Frédéric II en Prusse, Diderot se met au service de Catherine II de Russie. Les idées des Lumières sont aussi mises en pratique en Amérique du Nord lors de la rédaction de la Déclaration d'indépendance (1776) puis de la Constitution des États-Unis (1787). Les philosophes critiquent les religions car de telles croyances reposent sur le surnaturel et non sur la raison. Le catholicisme est particulièrement visé : Voltaire dénonce l'intolérance qui condamne à la mort lors de l'affaire Calas. La plupart des philosophes croient en l'existence de Dieu – Voltaire le nomme «grand horloger de l'univers» –, mais refusent toute forme de culte.

Voltaire, Diderot, Montesquieu et Rousseau sont les Mousquetaires de la liberté révolutionnaire qui souffle sur la France, quatre hommes dans le vent de leur époque, des personnalités «rock' n' roll» dont les œuvres marqueront la société française. L'interaction intellectuelle entre ces bretteurs de l'absolutisme a contribué à sceller le pacte pour les libertés, bien que l'on compte parmi eux des partisans du «despotisme éclairé». Voltaire est de ceux-là. Se prononcer contre l'absolutisme n'est pas un brevet d'humanisme: les crispations antisémites de Voltaire l'établissent. En 1717, le jeune Voltaire ne s'appelle pas encore ainsi. C'est sous le nom de Jean-Marie Arouet qu'à vingt-trois ans il est emprisonné à la Bastille, sur ordre de Philippe d'Orléans, pour avoir publié des récits satiriques sur la vie intime du régent et de sa fille, la duchesse de Berry. Durant cet embastillement de onze mois, il entreprend la rédaction de son œuvre sous le pseudonyme de Voltaire. Trente ans plus tard, en 1747, commence l'*Encyclopédie*, née de la volonté de regrouper l'ensemble des connaissances humaines. Dirigé par Diderot et d'Alembert, le projet rassemble de nombreux contributeurs, tels Montesquieu, Buffon et Voltaire. Les deux premiers volumes paraissent en 1751, mais sa publication intégrale prendra vingt ans. L'ouvrage comporte de nombreuses illustrations, car Diderot souhaite mettre le savoir à la portée de tous, même de ceux qui ne savaient pas lire.

L'année suivante, Montesquieu publie *De l'esprit des lois*. Ce traité de théorie politique aborde le concept de la séparation des trois pouvoirs ainsi que les différentes formes de gouvernement (monarchie, despotisme, démocratie). La monarchie absolue y est contestée au profit du système anglais qui sépare l'exécutif, le judiciaire et le législatif. *De l'esprit des lois* est publié à Genève, sans nom d'auteur afin de ne pas tomber sous le joug de la censure.

En 1749, c'est au tour de Diderot de connaître la prison pour son essai *Lettre sur les aveugles à l'usage de ceux qui voient*, dans lequel il met en cause les autorités religieuses. Il est incarcéré trois mois à Vincennes, où il reçoit plusieurs visites de Jean-Jacques Rousseau.

En 1752, les deux premiers volumes de l'*Encyclopédie* s'attirent les foudres du Conseil du roi, qui leur reproche certains passages sapant l'autorité royale et incitant à la révolte. Le Conseil d'État censure donc ces deux premiers tomes, mais la publication de l'*Encyclopédie* reprendra un an plus tard grâce au soutien de Malesherbes, le responsable de la censure royale. En 1755, Jean-Jacques Rousseau publie son *Discours sur l'origine et les fondements de l'inégalité entre les hommes*, dans lequel il désigne la propriété privée comme source majeure des injustices. Cet essai est condamné par l'Église qui accuse Rousseau de nier l'existence du péché originel. En 1759, le pape Clément XIII condamne l'*Encyclopédie*, dont le septième volume vient d'être publié, et appelle l'ensemble des catholiques à en brûler les exemplaires. Trente ans plus tard, la Révolution française éclate.

Les Lumières pour tous et tous pour les Lumières : tel est le serment de la France aux yeux du monde naissant. Plus qu'un ensemble de règles, le mouvement des Lumières marque une attitude, un mode de pensée, une approche du savoir. « Aie le courage de te servir de ta propre intelligence », encourage Emmanuel Kant.

*

Désormais, ce système politique émancipateur vacille. Partout sur le globe, les régimes autoritaires se renforcent (Chine, Russie, Turquie, Hongrie) et les mouvements radicaux s'étendent. Face à ces poussées extrémistes, l'Occident ne semble plus aussi convaincu de la pertinence de son modèle et laisse le champ libre à ses détracteurs. Enfermés dans la culpabilité liée à la Shoah, la colonisation et la ségrégation, les États-Unis et l'Europe occidentale sont le théâtre d'une pensée nouvelle: le wokisme[1]. Née dans les universités françaises durant les années 1960, cette idéologie a suivi un cheminement singulier. Exportée aux États-Unis, elle a prospéré sous l'appellation de «French Theory» avant de nous être réimportée, telles ces start-ups qui naissent en France et se développent à la Silicon Valley avant d'inonder l'Europe de leurs produits. La pensée *woke*, qui prône le relativisme, s'oppose à l'universalisme des Lumières. Aux yeux de ses partisans, l'universalisme serait une forme d'impérialisme utilisé par l'Occident pour imposer son modèle à d'autres cultures. Le «bouc émissaire blanc», selon la formule de Pascal Bruckner, devient alors coupable de tous les maux.

Toutes les causes émancipatrices passeront désormais par un tel prisme. Les mouvements LGBTQ+, qui ont lutté pour l'égalité durant des décennies, organisent des réunions interdites à ceux qui n'ont pas la même orientation sexuelle. Les militants noirs, dont les prédécesseurs se sont battus contre la ségrégation aux

---

1. Issu du mot *woke*, «éveillé» en anglais, ce terme désigne la conscience des problèmes liés à la justice sociale et à l'égalité raciale.

États-Unis, excluent à présent les Blancs des leurs. Cette idéologie se diffuse partout et ses prosélytes fracturent les sociétés occidentales en montant les individus les uns contre les autres. Les communautarismes prennent le pas sur l'unité nationale. La France n'échappe pas à ce mouvement. Le creuset républicain fait place à la notion de PPDC : le plus petit dénominateur commun. Or, une telle conception ne fait ni société ni nation : elle entraîne un pays vers une « balkanisation » ou une « libanisation ».

Face à un tel mouvement mortifère, opposons un retour à l'idéal des pères de la démocratie française, retrouvons l'esprit d'innovation qui a fait de notre pays le plus beau du monde, celui dont Joséphine Baker disait qu'il lui avait permis de se sentir enfin libre en tant que femme noire. La France a les moyens de faire entendre une voix différente au sein d'une mondialisation aliénante et normatrice. Elle doit retrouver le rôle phare qui a fait sa grandeur.

Introduction

La mystique de l'ascenseur

J'ai compris le sens de ma vie en prenant un ascenseur. En ce jour de 2018, j'avais rendez-vous avec le président de la Bred pour discuter d'un contrat de services informatiques. Steve Gentili, un homme brillant, issu du sérail politique, que je n'avais alors jamais rencontré, m'attendait. Je poussai la porte du siège social de la banque, quai de la Rapée à Paris, et me dirigeai vers l'ascenseur. À l'intérieur, mû par un réflexe, je m'apprêtais à appuyer sur le bouton du -1 avant de me raviser : le bureau du directeur se situait au quinzième étage. À cet instant, j'ai eu un flash : cette volonté d'appuyer sur ce bouton n'était pas une maladresse, mais une réminiscence. Je connaissais très bien le sous-sol de cet immeuble, j'y avais passé de nombreuses nuits lorsque j'avais vingt ans. Sans le sou, j'avais accepté un emploi au postmarquage des chèques. Plusieurs soirs par semaine, je franchissais donc la porte du siège social, croisant les employés qui avaient terminé leur journée. Dans l'ascenseur, j'appuyais sur le -1 pour gagner l'antre de la banque. J'y restais jusqu'à l'aube, passant des chèques dans une machine pour les envoyer ensuite en compensation.

Des années plus tard, je me retrouvais au même endroit, mais avec une autre trajectoire : je ne descendais plus les étages, je les gravissais. Entre-temps, j'étais devenu le patron d'une société florissante de services informatiques. En montant au quinzième étage, je repensai à un roman, *Le Cas Sneijder* de Jean-Paul Dubois, dont l'un des personnages fait profession de construire des ascenseurs pour des tours, ces « basiliques de verre et d'acier » qui résument à elles seules la civilisation urbaine. Il existe une métaphysique de l'ascenseur. Elle s'est incarnée comme une évidence alors que je m'élevais vers les hautes sphères de la banque. Celui qui tombe d'un immeuble revoit sa vie en accéléré, prétend-on. Je n'ai ni le goût ni l'envie de le vérifier. En revanche, je peux témoigner que ce jour-là, j'ai vu ma vie défiler en même temps que les étages. Signe de la verticalité de mon époque, cette cabine fixait le rythme d'une destinée. Elle monte et descend au fur et à mesure que ses câbles tirent les ficelles de l'existence. L'ascenseur s'arrête parfois entre deux étages lors d'une panne. Plus rarement, il peut céder sous le poids d'une fatalité. « Avoir l'esprit d'escalier » est une expression que l'on utilise pour désigner un manque de repartie. Je pense avoir davantage l'esprit d'ascenseur : j'ai choisi mon étage. Je suis parti du -1 pour, un jour, atteindre le quinzième. Il aura fallu que je retrouve l'immeuble de mes vingt ans pour en prendre conscience.

Depuis ce jour, j'aime les ascenseurs. Je ne manque jamais une occasion d'emprunter ceux des gratte-ciel de New York ou de Mumbai, du haut desquels je peux contempler les panoramas urbains. Au sommet de ces tours, une question s'impose toujours à moi : dans quel monde vivons-nous ?

L'invasion de l'Ukraine par la Russie a ouvert une nouvelle ère. Depuis le début du XXIe siècle, nous avons été confrontés à une succession de crises d'envergure mondiale : sanitaire, énergétique, climatique, sécuritaire. Le retour de la guerre sur le sol européen n'en a pas moins changé la configuration du monde. Vladimir Poutine, qui dirige un pays doté de l'arme nucléaire, membre permanent du Conseil de sécurité de l'Onu, poursuit des ambitions impériales. La guerre qu'il a déclenchée est à la fois conventionnelle et hybride. Elle déploie des chars et des missiles, en y ajoutant le chantage à la frappe nucléaire, la menace de flux migratoires et des vagues de cyberattaques. Avec la milice paramilitaire russe Wagner, les mouvements populistes ont trouvé un soutien et les putschistes africains un allié. Face au ressentiment colonial porté par les pays du grand Sud, l'Occident est désormais sur la défensive. Le signal est donné : le XXIe siècle sera celui de la confrontation entre régimes autoritaires et démocraties. Les attentats du 7 octobre commis par le Hamas en Israël, que j'aborde en fin d'ouvrage, en sont l'illustration.

Le cycle de la mondialisation « heureuse » s'achève. Celui-ci avait conditionné ma génération dans la croyance que la planète était un terrain de jeu, que la victoire du libéralisme sur le communisme avait sonné la fin de l'Histoire et que nous pourrions prendre l'avion aussi souvent que le métro. Le réveil fut brutal. Aveuglés par notre désir de réussite – de ce que nous imaginons être la réussite –, nous sommes devenus aveugles et sourds. Les ressources énergétiques fixent désormais les frontières de la croissance. Nous revoilà sommés de choisir notre camp dans un monde polarisé. Telles les Grandes Maisons de la série *Game of Thrones*, les factions s'affrontent : populistes contre progressistes, suprémacistes contre universalistes, intégristes contre laïcs, déclinistes contre optimistes. Les réseaux sociaux sont devenus les arbitres des inélégances. Les autoroutes de l'information, qui devaient insuffler davantage de liberté et de démocratie, sont devenues un Far West numérique au sein duquel la terreur règne et le lynchage fait figure de norme. Et la France dans tout cela ? Toujours en quête d'une révolution et en retard d'une réforme, notre pays est à la poursuite de son avenir. Énamourée par son reflet, la France se rassure en permanence. Depuis 2017, la patrie des Arts et des Lettres est dirigée par un amoureux de l'opéra politique. Emmanuel Macron, qui a brûlé les planches durant sa jeunesse, a érigé le transformisme en mode de gouvernement. Avec lui, le magistère de la parole atteint le sommet. Un ami haut gradé, grand connaisseur des cercles du pouvoir, me le confirme à l'heure où j'écris ces lignes : « En France, on annonce puis on renonce. Le pouvoir n'est pas exercé, le changement est sans cesse freiné ou empêché. » Selon lui, l'arbre de commandement au cœur de l'État est cassé. Son diagnostic est affûté, précis, clinique. La courroie de transmission entre le politique et l'administratif est grippée, avec tout ce que cela implique pour le fonctionnement démocratique du pays.

En proie au syndrome de la Castafiore – la cantatrice ridicule des albums de *Tintin* –, la France semble prête à se jeter en 2027 dans les bras de quiconque saura la flatter. Le dernier séducteur qui l'a laissée pantoise se nommait Charles de Gaulle. Sauveur d'une nation fracturée et architecte de son retour glorieux sur la scène internationale, l'ancien chef de la France libre avait élaboré la fiction parfaite pour un peuple à la recherche de sa fierté : il avait convaincu ses compatriotes qu'ils avaient gagné la guerre après avoir résisté contre l'occupant nazi, que le financement du paradis social serait éternel et que le monde entier admirait l'Hexagone. Shooté aux hormones narcissiques, le pays est reparti de l'avant en nourrissant des rêves, avant de se retrouver face à un mur. Depuis, la France est en manque et les dirigeants politiques invoquent sur tous les tons les enchanteurs mânes gaullistes. Les prétendants à l'Élysée devraient s'inspirer de Charles de Gaulle sur un point : faire table rase d'un système à bout de souffle (la IVe République) pour en créer un nouveau (la Ve). Le temps est venu d'être davantage gaulliens que gaullistes pour repartir de zéro et probablement de passer à la VIe République. À l'image des entrepreneurs qui déposent le bilan pour se débarrasser d'un passif et mieux repartir vers une nouvelle aventure. De Gaulle n'est pas seulement l'homme qui a dit non, il est surtout celui qui a dit oui à une nouvelle ère. Il ne s'est pas contenté de discours, il a agi, commandé et pris soin que ses décisions soient appliquées. Telle est la différence avec le gaullisme incantatoire dont nous sommes abreuvés. Pour tracer un nouveau chemin, les Français doivent rallumer les Lumières.

Ce livre se veut à la fois un diagnostic sans concession et un manifeste pour que la France s'engage enfin dans le XXIe siècle. Il veut porter un message d'espoir, car tout est encore possible si les Français se décident à retrouver la créativité et l'esprit d'innovation qui permirent à leur pays de devenir une puissance majeure. Il est temps d'ouvrir en grand les fenêtres de la maison France, mais aussi de désigner sans ambages ceux qui maintiennent des pans entiers de notre territoire dans le misérabilisme en usant de la rhétorique victimaire d'une main et de la culpabilisation de l'autre. Intégration, immigration, identité, économie, social, emploi, sécurité, politique intérieure, relations internationales... Quel que soit le sujet abordé, le constat est identique : celui de l'effritement constant du modèle républicain au cours des trente dernières années. Le lamento ne peut plus durer, le déclinisme n'est pas un projet.

J'accuse les autorités d'avoir abandonné le peuple de France, toutes origines et confessions confondues, en renonçant à ce pilier de la démocratie qu'est l'ordre public.

J'accuse l'arrogance de la gauche, responsable d'un immense gâchis dans les quartiers et les banlieues.

J'accuse cette même gauche de ne s'être jamais affranchie des vieux schémas coloniaux arrogants et ségrégationnistes tout en s'affirmant anti-impérialiste. « L'enfer est pavé de bonnes intentions » pourrait être la devise de ce camp politique.

Je refuse de me complaire dans l'énonciation des problèmes et de me contenter de dénoncer l'absence de vision des gouvernements successifs depuis des décennies. Il ne suffit pas de démontrer de quelle manière la gauche, orpheline après la chute du mur de Berlin, s'est pervertie en même temps qu'elle perdait le vote ouvrier. Le chef de file des communistes, Fabien Roussel, fustige avec brio ce qu'il nomme « la gauche des allocs », qu'il oppose à celle du travail. Un comble : il est l'un des seuls de son camp à placer la valeur travail comme axe central d'une société équilibrée. Dans cette optique, il doit lutter contre ceux – en particulier les militants écologistes de la mouvance de Sandrine Rousseau – qui l'accusent de flatter une notion de droite. Eux préfèrent revendiquer le droit à la paresse.

Ce « flemminisme » que combat Roussel est un nouveau fléau.

Dénoncer le relativisme dans lequel la gauche a sombré ne suffit plus. Lui opposer l'universalisme des Lumières est plus que jamais nécessaire, mais n'est pas non plus une fin en soi. Ce serait aussi une erreur d'occulter les errements d'une droite complexée qui n'a jamais su proposer un authentique modèle de société alternatif. Engluée dans ses luttes intestines et sa consanguinité politique, la droite s'est enfermée dans un conservatisme dépassé.

Après avoir fait l'expérience de dirigeants tels que Nicolas Sarkozy, François Hollande ou Emmanuel Macron, une question s'impose : et si on essayait le courage ? Cette ressource, si rare en politique, est porteuse de solutions parfois originales, parfois évidentes.

Mes engagements pour la jeunesse m'ont permis d'entrevoir l'état réel dans lequel se trouve notre pays. Notre société souffre de son cloisonnement. Les jeunes des lycées professionnels que je rencontre régulièrement sont trop souvent maintenus en vase clos, dans l'ignorance des opportunités de prendre leur destin en main, par des enseignants dont beaucoup sont hostiles au monde de l'entreprise. Leur énergie est contrainte, étouffée. La diversité des cultures qui les construit est présentée comme un fardeau. Cette identité française issue des vagues d'immigration est pourtant un trésor national. Cette jeunesse représente bien plus que les « quartiers » dont elle est issue.

Alors que nos dirigeants pérorent à l'envi sur une influence fantasmée de la France dans le monde, cette nouvelle sève symbolise la meilleure preuve de la présence du monde dans la France. C'est aussi à eux que je pense en écrivant ces lignes.

L'amour de son pays ne s'apprend pas dans les manuels, il se transmet et s'acquiert tout au long de la vie. La mienne a commencé dans un HLM parisien en 1970. Fils d'immigrés juifs tunisiens ayant eu l'immense chance de naître en France, je me suis lancé sur les chemins d'une existence professionnelle qui ne cesse de me surprendre. Je veux livrer mon parcours pour crier haut et fort mon amour de la patrie et ma rage de la voir ainsi sacrifiée. Je veux défendre de toutes mes tripes ce pays dans lequel, à force de prétendre que l'ascenseur social est en panne, on a réussi à dissuader ceux qui en ont le plus besoin d'appuyer sur le bouton. Sylvain Tesson a raison d'écrire : « La France est un paradis peuplé de gens qui se croient en enfer. »

1
De magasinier à dirigeant de multinationale

55, rue du Faubourg-Saint-Honoré. Combien de fois étais-je passé devant ce lieu si symbolique sans oser imaginer que j'y serais un jour reçu pour conseiller la présidence de la République ? Je me souviendrai toute ma vie de cette journée d'automne 2013. Je regardais, éberlué, les grilles s'ouvrir pour me laisser entrer au palais de l'Élysée. J'étais attendu par Jean-Jacques Barberis, conseiller de François Hollande en charge de l'économie. Le cabinet élyséen m'avait contacté car le chef de l'État souhaitait s'entourer de patrons français qui dirigeaient des entreprises étrangères. J'étais à l'époque à la tête de la filiale hexagonale – spécialisée dans les prestations informatiques – d'une société indienne, Mahindra, qui employait deux cent mille salariés dans le monde. L'Élysée me proposait à ce titre d'intégrer le Conseil stratégique pour l'attractivité (CSA), organe chargé de travailler autour du président sur la capacité de l'économie française à attirer des investissements étrangers. Une telle proposition éveilla en moi une sensation presque impudente d'avoir dépassé mes propres espérances. J'ai toujours cru que rien n'était impossible à qui accepte de se surpasser en suivant le parcours initiatique de la vie. Je repensais à mes racines tunisiennes, au petit gosse que j'étais, à mes parents. À l'instant où j'ai franchi le portail, j'ai contenu mes larmes et chuchoté « Maman ». Ma mère avait été emportée par une leucémie cinq ans auparavant. Je ne pouvais partager ma joie avec celle qui m'avait mené jusqu'au seuil du Palais.

Ce jour-là, ce n'était cependant pas le petit juif de Tunisie que le conseiller présidentiel voulait rencontrer. Je disposais d'une belle exposition par mes fonctions au sein du groupe indien, à l'époque où Paris entreprenait de vendre les avions Dassault à Delhi. J'étais rapidement devenu un référent sur l'Inde avec un autre personnage, bien plus illustre : le P-DG de Capgemini, Paul Hermelin, énarque et polytechnicien. En plus d'un travail de fond, le CSA devait organiser tous les six mois des ateliers pour lesquels nous faisions intervenir les grands patrons de nos groupes respectifs. Devenu son « sherpa », j'organisai la venue à Paris d'Anand Mahindra, l'un des hommes les plus puissants d'Inde et donc du monde. Nous en ressortîmes amis.

François Hollande, avec son Premier ministre Jean-Marc Ayrault et son ministre de l'Économie Arnaud Montebourg, lança le premier atelier. À cette occasion, je découvris le problème de fond de la France : alors que nous étions censés dégager de grands projets à mettre en œuvre, la courroie de transmission entre la volonté politique et l'action de l'administration semblait bloquée. Si la France est immobile, c'est parce que cette courroie ne fonctionne plus. Il existe un décalage flagrant entre le pouvoir politique et l'administration. Si nous sommes encore en démocratie sur le plan institutionnel, nous ne le sommes plus factuellement.

Cela peut en partie expliquer pourquoi les citoyens ne votent plus. Je pense qu'ils ont conscience que cela ne sert à rien : quel que soit le résultat des élections, rien ne changera réellement. Entre l'action des syndicats, qui empêchent ou dénaturent toute réforme, et l'administration composée de fonctionnaires inamovibles qui agissent à leur guise en fonction de motivations souvent éloignées de l'intérêt national, il ne reste guère de place pour l'action politique. Le fameux adage «les ministres passent, les fonctionnaires restent» en est une excellente illustration. J'ai eu l'occasion de tenir ce raisonnement devant un ami préfet qui m'a répondu: «Les fonctionnaires prennent le pouvoir quand les politiques ne sont pas à la hauteur.» A-t-il complètement tort?

Après l'atelier, nous avons été contactés par les services d'Arnaud Montebourg pour sauver l'usine Peugeot Scooters de Mandeure (Doubs), un site qui comptait quatre cent cinquante employés et plus de deux siècles d'existence. Cette entreprise de scooters est plus ancienne encore que la branche automobile. Je fus convoqué d'urgence en Inde, au siège de Mumbai, où l'on me confia la direction des opérations dans l'acquisition de l'usine en raison de ma connaissance du droit français. Mes compétences dans le domaine du dialogue social me furent précieuses pour cette mission délicate. Je me retrouvai ainsi secrétaire général France du groupe Mahindra, chargé de ce dossier. Branle-bas de combat pour mettre en place une *task force* afin de gérer le projet, conseillé par la société de communication de Raymond Soubie. C'est à cette occasion que je fis la connaissance du ministre de l'Économie: Emmanuel Macron. Celui-ci me tutoya d'entrée de jeu. Je n'imaginais alors pas une seconde le destin qui l'attendait.

Je me rendis à Mandeure, où j'étais attendu par l'ensemble des syndicats. Il fallait faire en sorte que le rachat se déroule bien. L'opération se passa à merveille.

Les représentants du personnel étaient réunis autour de tables en formica positionnées en U. Je pris place avec deux de mes collègues venus d'Inde pour l'occasion, deux brillants diplômés de Harvard qui ne parlaient pas un mot de français. Je me retrouvais donc le seul véritable interlocuteur face à cette assemblée qui attendait de pied ferme ces Indiens venus, selon eux, « dépecer leur entreprise ». En réalité, je n'étais pas seul, puisque Sylvain Bilaine, expert de l'industrie automobile, m'accompagnait en tant que conseiller externe. Frédéric Fabre, qui dirigeait l'usine, était un directeur apprécié pour sa dimension humaine. Ensemble, nous allions démontrer que notre projet était le meilleur pour sauver le site et lui offrir un avenir. Voilà une autre idée à déconstruire : ce n'est pas la nationalité du propriétaire du capital qui compte ! Ce préjugé est très ancré en France. Or, à l'exception des activités liées à la Défense, les opérations que mène un industriel sur le territoire comptent davantage que son origine. Quand Toyota produit sa Yaris sur notre sol, cette société apporte davantage à notre pays qu'un constructeur français qui produit à l'étranger. Les Britanniques l'ont bien compris : peu leur importe que Jaguar, pourtant symbole de leur industrie automobile, soit passé sous pavillon indien lorsque le groupe Tata l'a racheté.

Première question posée par les représentants du personnel : « Avez-vous l'intention de créer des emplois sur ce site ? » J'aurais pu faire comme tout le monde en pareille circonstance : dire ce que les interlocuteurs veulent entendre pour finaliser le *deal*. Je choisis une autre option : la franchise. Je répondis donc que ce ne serait pas le cas, en expliquant notre engagement de dynamiser le site et de relancer le business des scooters à l'international. J'expliquai aux syndicats que la création d'emplois serait une conséquence et non un préalable. Cette réponse fut appréciée et permit de mobiliser tout le monde autour de notre projet. Nous ne nous positionnions pas en hommes providentiels, mais nous associions les salariés au succès de leur destin. Depuis, l'usine s'est développée et a conquis de nouveaux marchés, comme au Vietnam où Peugeot Scooters s'est réimplanté après près de trente ans d'absence. Le fabricant est redevenu un acteur qui compte dans la concurrence avec Piaggio. Au cours de la même période, j'ai participé avec Mahindra à la création de l'École centrale en Inde : Mahindra-École centrale. Une expérience passionnante.

Lorsque je repense à cet épisode, je prends conscience que je l'ai géré avec un sentiment d'urgence qui m'est assez familier. Le sauvetage des scooters Peugeot me renvoie à un appel téléphonique que j'avais reçu de mon père en 1993, alors que je travaillais comme surveillant dans un lycée pour financer mes études. Le destin est parfois simple comme un coup de fil, pour reprendre un slogan publicitaire. Mon père s'était associé dans une petite affaire et son partenaire, qui gérait le commercial, souhaitait partir. C'était la catastrophe. Après avoir, tant bien que mal, retrouvé un semblant de vie normale à la suite d'un grave accident, mon père, alors âgé de cinquante-deux ans, risquait de retomber dans la précarité. Face à cette situation, c'est vers son fils aîné qu'il s'était tourné. J'avais vingt-trois ans. J'entretenais une relation inversée avec mon père. J'ai toujours eu le sentiment d'être son père, ce qui explique en partie l'immaturité dont j'ai pu faire preuve par la suite dans ma relation de couple, comme un syndrome de Peter Pan. Être contraint de grandir trop vite en raison des épreuves de la vie incite par la suite à courir après une enfance qui n'a été que partiellement vécue. L'idée que mon père soit de nouveau en difficulté m'horrifiait. Je me suis dit que le moment était venu de me lancer. J'en avais assez de poursuivre mes études alors que la plupart de mes amis travaillaient dans le textile, la bijouterie ou la société de leurs parents.

J'eus alors une idée un peu folle : un copain, Franck, me prêta 25 000 francs et je décidai de racheter les parts de l'associé de mon père pour sauver son emploi. Dès lors, je pris la direction de cette petite société de distribution de matériel de bureau, l'informatisai et mis en place une véritable démarche commerciale. Très vite, j'obtins des marchés importants avec la Poste et deux entreprises du BTP chargées de construire le technocentre Renault : CBC et l'Entreprise industrielle. Cela signifiait fournir le matériel, gérer les devis et réaliser les achats. Forts de cette expérience, nous avons remporté d'autres marchés. La spirale du succès !

Je me suis alors découvert un goût pour les fonctions commerciales, ce qui fut une première dans la famille. Au-delà de la fonction elle-même, j'ai surtout apprécié deux de ses aspects : plus on s'y investit, plus les gains sont importants et, surtout, elle offre une certaine liberté de mouvement. La perspective de cumuler une progression fondée sur le mérite et la liberté se révéla essentielle dans mon parcours professionnel.

Les fonctions commerciales nous placent au cœur du réacteur, elles sont stratégiques, en particulier dans le *B to B*, la relation d'entreprise à entreprise. Je n'ai jamais aimé le *B to C* – le rapport au client particulier –, je ne sais guère vendre à des individus. Ma compétence s'illustre plutôt dans le cadre de ventes complexes aux entreprises. Cette expérience est devenue un marqueur à mes yeux : pour être un bon vendeur, il est nécessaire de se montrer psychologue et non d'être diplômé d'une école de commerce. Le commerce est avant tout une question de psychologie. La vie est un jeu de défis permanents, il faut savoir vendre et se vendre.

Cette première expérience professionnelle fut d'une certaine façon marquée du sceau de l'intérêt général : mon père m'avait sollicité pour sauver le modèle économique de la famille. Des années plus tard, lorsque Arnaud Montebourg et François Hollande me demandèrent de trouver une solution pour les scooters Peugeot, j'ai été sensible à cette démarche : il ne s'agissait pas seulement d'un objectif de rentabilité, mais de maintenir la réputation d'une grande famille industrielle française. J'ai eu le sentiment de trouver ma place : au carrefour de l'économie et du lien humain, avec une volonté de bâtir. Ce que d'aucuns appellent de la politique. C'est aussi ce qui me motivera quand, en 2022, je quitterai l'univers de l'informatique pour créer une entreprise consacrée à la préservation de l'environnement.

Un jour, un ami d'enfance, devenu un avocat d'affaires renommé, a eu une formule à mon propos que je n'oublierai pas. Alors que je me plaignais de ne pas être fait pour le business, il m'a répondu : « Le problème, c'est que tu n'aimes pas l'oseille ! » Il avait raison. C'est parce que je n'aime pas « l'oseille » que je suis devenu businessman. À mes yeux, une telle profession impose avant tout de vouloir se rendre utile. Le fric pour le fric ne m'intéresse pas, je trouve même que la possession massive de biens matériels est une forme d'aliénation. Quoi de pire pour qui chérit autant que moi la liberté ? J'appartiens à la génération qui a connu une expérience déterminante dans ce domaine. Une expérience qui, à mon sens, manque aux jeunes générations : le service militaire.

En 1993, à vingt-trois ans, j'étais déjà un patriote convaincu lorsque j'ai effectué mon service national. Beaucoup tentaient d'y échapper en se faisant passer pour fous, mais ce n'était pas mon cas. Je dirigeais une société en plein développement, mais je considérais que c'était un devoir de partir sous les drapeaux. J'ai toujours frissonné au son de la *Marseillaise* et j'ai un profond respect pour l'armée, pilier de la souveraineté nationale (toujours ce lien avec la liberté). Je rejoignis le 51ᵉ régiment de transmission de Compiègne (Oise). Après mes classes, je fus transféré au 41ᵉ régiment de Senlis. Dès les premiers jours, je fus repéré par mes officiers supérieurs. J'étais alors militant RPR depuis cinq ans auprès d'Alain Devaquet, député et maire du XIᵉ arrondissement de Paris. Je tenais des bureaux de vote, j'avais des convictions affirmées. Le chef de corps me posa des questions d'éducation civique : je connaissais toutes les réponses. C'était loin d'être le cas de tous mes camarades. Le service militaire est un baromètre. Nous étions quatre cents dans mon contingent 93/12, dit « d'élite ». Les contingents d'août, octobre et décembre regroupent les appelés qui n'ont qu'une année à perdre ; ceux de février, avril et juin font perdre deux ans (le service et l'année entamée). Le mien était organisé en dix formations individuelles de combat, dont l'une était réservée aux conscrits ne sachant ni lire ni écrire. J'ai ainsi compris que 10 % de la population française était illettrée et que l'armée était un formidable vecteur d'intégration. Cette institution jouait aussi un rôle clé dans la promotion de la connaissance mutuelle, condition essentielle pour vivre ensemble en harmonie. Je m'interrogeais déjà sur les causes qui provoquaient le racisme et la haine. J'en arrivais à la conclusion que c'était l'ignorance. Aujourd'hui encore, combien de jeunes «virent mal» car ils n'ont pas eu l'opportunité de sortir de leur quartier, de leur ville, pour rencontrer l'Autre ? Le service militaire offrait une chance unique dans ce domaine : il réunissait pendant dix mois des individus de toutes les régions, tous les milieux, toutes les origines, en leur permettant de mieux se connaître. C'était fondateur pour apprendre à «faire société» et peut-être même «faire nation».

Si le communautarisme se développe tant aujourd'hui, c'est parce que de trop nombreux jeunes ne rencontrent jamais d'individus d'un autre milieu que le leur. Ce phénomène est un puissant catalyseur de radicalité et de rejet de ce qui ne leur ressemble pas. La radicalisation et l'extrémisme, liés à l'islamisme, mais aussi aux identitaires, se nourrissent de l'ignorance de ces jeunes à qui on met dans le crâne que les Autres ne sont que des ennemis. Pour en sortir, il est impératif de se mélanger au plus vite. La mixité est urgente, essentielle même. Mais une authentique mixité, celle qui intègre une diversité réelle. Je suis toujours surpris quand on qualifie de «quartiers de la diversité» des endroits où quasiment plus un seul Blanc ou un seul juif ne vit. L'armée avait cet avantage de provoquer la connaissance de l'Autre. J'étais au régiment avec un agriculteur de Nantes qui produisait du muscadet. Celui-ci n'avait pas rencontré un juif de sa vie et je n'avais jamais croisé un agriculteur. Nous cohabitions aussi avec un Arabe venu d'une cité. Perdu dans cet univers, c'est moi qui négociais ses permissions pour qu'il puisse rentrer dans sa famille le vendredi. Il ne savait pas s'exprimer, n'avait pas les codes et se retrouvait confronté à l'autorité.

Je me souviendrai toujours de ce caporal, un peu bas du casque, qui était venu nous voir car nous ne touchions pas au contenu de nos assiettes. Je lui avais expliqué que je mangeais casher, et mon ami halal, et que nous souhaitions être considérés dans notre altérité. Se sentant fort devant ces deux jeunes gens un peu intimidés qui se goinfraient de pain, il s'était lancé dans une explication plus que douteuse selon laquelle la religion était interdite dans l'armée. Ne me laissant pas démonter, je lui démontrai le contraire. Je lui rétorquai que la présence des aumôniers était la preuve que la religion y était reconnue. J'achevai mon propos en soutenant, devant tout le monde, qu'il se trompait. Ce n'était pas la religion mais le prosélytisme qui était proscrit. Totalement dépassé, il roula des yeux et abandonna. Le lendemain, mon ami et moi recevions nos rations casher et halal.

Cette époque fut pour moi fondatrice. Je me rêvais éducateur ou enseignant pour changer la vie des gens, mais je compris que, si je voulais aider les autres, je devais d'abord m'aider moi-même en réussissant. Je bâtis alors mes convictions autour de l'idée de légitimité et de promotion par l'exemple. Plus on est fort, plus on est puissant, plus on est crédible pour aider et accompagner. L'étendue de notre réseau détermine notre capacité à agir et soutenir les jeunes dans leur ascension sociale. Je commençai alors à œuvrer en ce sens. Je continue aujourd'hui, toujours selon le même mode opératoire, en franc-tireur indépendant et non au sein des institutions. J'éprouve une grande méfiance vis-à-vis de ces structures qui ont trop tendance à se focaliser sur les moyens au détriment de l'accomplissement de leur mission.

Mon officier supérieur me demanda un jour quel métier je souhaiterais exercer. «Je l'ignore, mon colonel, répondis-je. Mais je sais ce que je ne veux pas faire: de l'informatique, car c'est une activité pour les individus associables.» Finalement, j'accomplirai toute ma carrière dans ce domaine avec bonheur! À la fin de mon service, j'ai éprouvé le sentiment qu'il était temps de construire mon avenir. Entre-temps, j'avais rencontré celle qui deviendrait ma femme et la mère de mes trois enfants. Il était donc temps que je me range. Si je pouvais me contenter de peu pour moi-même, il était hors de question que je ne subvienne pas aux besoins de la famille que je rêvais de construire. J'étais sans diplôme et sans qualification – même si mes quatre années de droit m'ont beaucoup apporté en termes de connaissances et de méthodes. Je contactai le père de mon meilleur ami, qui était un industriel, pour solliciter un emploi. Cet homme, Elie Souffrir, devint mon mentor. Il dirigeait une société leader dans la distribution de composants électroniques. Il cherchait un magasinier. C'est ainsi que j'entrai chez Delcap, pour travailler dans un entrepôt d'Aulnay-sous-Bois. Je ne pouvais pas commencer plus bas dans l'échelle: j'étais chargé de balayer les allées et ranger des composants. J'avais vingt-quatre ans et je gagnais le smic.

Comme j'effectuais mes tâches avec sérieux, un mois plus tard, le patron m'accorda une promotion en parallèle de ma fonction dans l'entrepôt: je fus intégré au service commercial. Chaque jour, j'effectuais une deuxième journée de travail. Je pris en charge les clients en bas de liste, ceux dont personne ne voulait. En quelques mois, je me distinguai et je commençai à réfléchir à la suite. L'intégration de la micro-informatique connaissait ses prémices en France. J'envisageais d'importer des pièces détachées pour ordinateurs pour les vendre aux assembleurs du secteur. Mon patron me donna carte blanche. Lui-même aidé par son patron dans le passé, il m'aida à son tour – schéma que je reproduis par la suite afin que la roue ne s'arrête pas. Je cherchais dans des catalogues des articles en Asie, je contactais les fournisseurs, je prospectais, je faisais tester les produits et je me chargeais de leur livraison. Je devins en quelques mois le premier salaire de la société. Et pour cause : j'étais payé à la commission et j'explosais tous les compteurs en termes de chiffre d'affaires.

J'étais déjà convaincu que la valeur doit être partagée avec ceux qui contribuent à la créer. J'annonçai donc à mon patron que je souhaitais entrer au capital de l'entreprise. Les Israéliens ont un terme pour cela : la *chutzpah* (en hébreu, *huspa*). Un mot devenu un concept, comme un marqueur de la *start-up nation*. Intraduisible en français, ce terme signifie un mélange d'audace et de culot, celui dont font preuve les petits quand ils sont confrontés à des géants. Je fis donc preuve de la plus grande *chutzpah* en allant voir ce monument qu'était mon patron pour lui demander de devenir actionnaire de sa société. J'ai toujours eu la conviction que si je voulais être maître de mon destin, je devais être propriétaire d'au moins une partie du capital de la société pour laquelle je travaillais. Je me le suis d'ailleurs appliqué par la suite : j'ai toujours associé au capital des entreprises que j'ai créées ceux qui contribuaient à leur réussite. Mon patron refusa, je démissionnai sur-le-champ.

En cette fin d'année 1997, l'arrivée de l'an 2000 et le passage à l'euro étaient des sujets importants pour les entreprises. Je recrutai un ingénieur, Maxence, et créai Nexcom, ma première société d'ingénierie. Je n'avais pas beaucoup d'argent, j'avais déjà un enfant et je vivais dans un HLM porte de Charenton. Mon entreprise devint rapidement une agence web, l'une des premières en France, spécialisée dans le développement de sites Internet. Là encore, je dois rendre hommage à ma mère. Quand on entreprend, rien n'est pire que d'avoir un boulet au pied. Un tel boulet est souvent incarné par un entourage qui vous freine ou sème le doute en vous. Ma mère aurait pu jouer ce rôle. Je commençais à peine à gagner ma vie et il aurait été compréhensible qu'elle me conseille de prendre mon temps avant de me lancer dans une telle aventure. Elle ne le fit pas. Quand je lui ai annoncé ma décision, elle m'a seulement répondu: «Fonce, mon fils.» Je ne sais pas si elle était sincère, mais son encouragement m'a donné des ailes. Sans son soutien, j'aurais pu renoncer.

L'époque était celle de la «bulle Internet»: en deux ans, je suis passé d'un à trente salariés. Nous disposions de magnifiques bureaux à Montmartre, rue Lamarck, un penthouse face aux vignes. À vingt-neuf ans, j'étais l'un des plus jeunes P-DG de société anonyme en France. En tant que pionniers du web, les concours bancaires pleuvaient: escomptes, droit au découvert, crédits. Tout cela me semblait irréel. Le patron de l'ingénierie financière du CIC se rendait régulièrement dans nos locaux. Je m'étonnai auprès de lui du niveau de concours bancaires dont je disposais. Il me répondit: «Laissez-nous faire, monsieur Haccoun. Si vous ne savez pas où vous serez dans deux ans, nous, on le sait. Nous avons récemment soutenu une société comme la vôtre et elle est désormais valorisée 150 millions de francs [25 millions d'euros].» Je me laissai donc emporter par ce tourbillon.

Fin 1999, je fus contacté par le groupe Open, dont le chiffre d'affaires s'élevait à un milliard de francs et qui proposait de racheter ma société pour 17 millions. J'habitais toujours dans mon HLM, j'avais désormais deux enfants et le troisième était en route. Poussé par mes associés, deux *sleeping partners*, je refusai cette offre. Après plusieurs mois de négociations et un audit par Arthur Andersen pour le compte de l'acquéreur, fin 2000, nous concluions un accord sur une vente de la société pour 50 millions de francs, avec un complément de prix de base sur une valorisation à 80 millions. En théorie, j'étais multimillionnaire. J'avais le sentiment de vivre un rêve. Le rendez-vous fut pris pour signer le contrat mi-décembre.

Tout s'écroula quand la bulle spéculative Internet éclata. Ce fut la panique ! Le cours en bourse d'Open s'effondra et les banques lâchèrent toutes les entreprises du secteur. Lors du petit déjeuner que nous avions programmé pour signer l'ensemble des actes, le président d'Open m'annonça qu'il ne pouvait plus réaliser l'opération. Il me proposa d'amorcer l'intégration industrielle en attendant que la période s'améliore. Dans le même temps, Rémy Thannberger, spécialiste des introductions en bourse des entreprises high-tech, me proposa de nous introduire au nouveau marché. J'acceptai. Mais l'opération échoua en raison de la panique sur les marchés. Le CIC, qui nous avait entraînés dans cette aventure, se retira brutalement. Nous n'avions plus que deux options : recapitaliser immédiatement ou tout arrêter. Nous décidâmes de déposer le bilan. Au tribunal de commerce, le juge demanda s'il s'agissait d'une farce. Il n'avait jamais vu une société déposer le bilan sans aucune inscription aux privilèges. En langage courant, cela signifie faire faillite en étant à jour de toutes ses cotisations sociales et fiscales. Je n'ai jamais été un épargnant. Dans cette aventure, j'avais tout donné en pariant sur le fait que le capital me rendrait riche. Pas pour l'argent en soi, mais pour la liberté à laquelle il permet d'accéder.

Je me fiche de devenir riche. Ce qui m'intéresse, c'est ce que la richesse permet de faire, en particulier sur le plan social et sociétal. Cette conception m'octroie une force incroyable car je n'ai pas peur de prendre des risques. Je suis toujours en équilibre, sur un fil, obligé d'agir pour m'en sortir. La routine me tue.

Entre décembre 2000 et avril 2001, ce fut la descente aux enfers. Les banques me lâchèrent et je perdis tout. Ma première réaction fut de penser à cette magnifique phrase au cœur de la philosophie juive : « *Hakol le tova* », ce qui signifie, en hébreu, « Tout ce qui arrive est pour le bien ». Je pensais avoir atteint le sommet, mais il ne s'agissait que d'une étape. Ce n'est qu'une question de perception. La vie est un parcours initiatique, tout dépend de la manière dont on décide d'accepter les événements. J'aurais pu estimer que cette faillite était la fin du monde et m'effondrer, j'ai décidé que ce serait une chance, une étape dans un parcours.

J'avais trente et un ans, trois enfants âgés d'un à cinq ans, et mon épouse, Dominique, ne travaillait pas. Je passais du statut de millionnaire virtuel à celui de pauvre. Je décidai de me poser un moment. Ma priorité était de calmer le jeu et sauver ma famille. Impossible de passer sur cette étape fondamentale de ma vie sans rendre hommage à celle qui fut ma femme pendant vingt-cinq ans. À l'époque, nous étions mariés depuis six ans. Elle s'est montrée très patiente durant ces folles années d'entrepreneuriat. Sans son soutien actif, je n'aurais jamais pu avancer comme je l'ai fait. Dominique m'a suivi, fait confiance, sans aucune limite. Se sentir ainsi soutenu rend plus fort, donne des ailes. Un homme à la réussite et au tempérament hors du commun, André Krief, le père d'un de mes meilleurs amis, m'a dit un jour une phrase que je n'ai comprise que bien plus tard. Il trônait dans le salon de sa magnifique maison de La Varenne-Saint-Hilaire. Je suis entré avec ma fiancée pour la lui présenter. Lui qui ne parlait que rarement, et uniquement à dessein, leva la tête de son journal et me dit: «Félicitations, et souviens-toi d'une chose: c'est la femme qui fait l'homme.» J'ai acquiescé. En une seule phrase, il avait adressé un compliment à Irène, son épouse, et m'avait offert une leçon de vie.

Revenons à mon parcours professionnel. Grâce à un ami, Michel Cohen, je rencontrai Patrick Bensabat, qui dirigeait Business et Décision, une belle entreprise de trois cents salariés cotée en bourse. Il me proposa un poste de manager commercial. J'acceptai ainsi de repartir de zéro. J'entamai un long processus de résilience. En trois ans, je passai de commercial à cadre dirigeant de la société, qui augmenta ses effectifs jusqu'à deux mille salariés durant cette période. En parallèle de mon emploi, je m'engageais dans l'action citoyenne. Cela aussi, je l'ai appris dès mon plus jeune âge.

2

C'est l'histoire d'un mec…

En mars 2007, la campagne présidentielle connut un événement inédit : un meeting dédié à… l'amour ! En imposant un tel thème, le candidat Nicolas Sarkozy avait plongé ses équipes dans un abîme de perplexité. Quelle mouche avait piqué celui que la presse considérait déjà comme le futur chef de l'État ? En réalité, l'ancien maire de Neuilly, meurtri par sa rupture latente avec son épouse Cécilia, avait besoin d'affirmer haut et fort son besoin d'affection avant de rejoindre le lieu où l'on renonce au bonheur : l'Élysée. Son discours du Zénith de Paris ne resta pas dans les annales. À tort car il est rare de voir un responsable politique fendre à ce point l'armure en public. En grand admirateur d'Albert Cohen, le candidat cita un extrait d'une des plus poignantes œuvres de la littérature française, *Le Livre de ma mère* : « Les fils ne savent pas que leurs mères sont mortelles. Aucun fils ne sait vraiment que sa mère mourra et tous les fils se fâchent et s'impatientent contre leurs mères, les fous sitôt punis. » Ce passage, déclamé avec emphase, tomba comme la foudre sur des spectateurs stupéfaits. Cette phrase devrait être apprise par cœur et récitée à l'heure du chagrin qui frappe le cœur des hommes lorsque leur maman quitte ce monde. Comment un fils peut-il se résoudre à ne plus jamais prononcer le mot « maman » ?

Mes parents sont nés en 1941, en pleine Seconde Guerre mondiale. La Tunisie, vraie terre d'accueil, avait accueilli le président Edgar Faure en exil pendant le conflit. C'est lui qui signa la fin du protectorat et l'indépendance du pays, devenue effective en 1956. Drôle de retour de l'Histoire : un protégé qui protège son protecteur avant que celui-ci ne lui rende la liberté. Mes parents ont tous deux grandi dans des familles qui subvenaient à leurs besoins. En 1961, un drame frappa celle de ma mère : mon grand-père décéda de la tuberculose après avoir livré un combat de plusieurs années contre la maladie. En tant qu'aînée, maman dut assumer la responsabilité de la famille avec ma grand-mère. Elle avait vingt ans, alors que ma tante Nadine, la plus jeune, n'en avait que douze. Maman prit un emploi d'aide-soignante à l'hôpital.

Que dire de maman ? Elle joua un rôle déterminant pour l'avenir de ses deux sœurs, prenant le relais de son père dont elle m'a si souvent parlé avec admiration. Ma mère est pour moi le plus bel exemple de résilience et de combativité. Chaque jour, je m'efforce d'appliquer ses qualités dans ma propre vie. Je retiens une leçon qu'elle m'a apprise : donner quelque chose de matériel implique que l'on en perde une partie ; transmettre de l'immatériel permet de le multiplier. Quand on offre de l'amour, celui qui reçoit en a davantage, mais celui qui donne n'en a pas moins. C'est un cercle vertueux.

De 1912 à 1956, la Tunisie avait été placée sous protectorat français. Comme beaucoup, mes parents ont quitté le pays pour rejoindre celui dont ils avaient embrassé la culture : la France. Ils se sont immédiatement fondus dans la masse, s'intégrant sans pour autant perdre leur singularité. J'y vois un élément fondateur : l'idée que l'on peut s'intégrer sans pour autant se renier est au cœur de ma pensée. Mes parents arrivèrent en France en 1967, à une époque où le pays n'était pas aussi pluriel qu'aujourd'hui. Tous les rapatriés d'Algérie, pourtant français de nationalité, et même parfois d'origine, racontent les mêmes histoires : le racisme, les discriminations, le rejet. Quand je questionnais ma belle-mère oranaise sur les raisons qui l'avaient poussée à ouvrir un commerce alors qu'elle était enseignante, elle me décrivait ses premiers pas dans l'Éducation nationale au cours des années 1960. Une anecdote m'a marqué : ses collègues lançaient de l'encre sur sa blouse dans la salle des professeurs afin qu'elle ne puisse pas enseigner. Ceux qui considèrent qu'il était plus facile de s'intégrer à cette époque se trompent. Pourtant, dès leur arrivée, mes parents le firent. Deux ans après leur installation à Paris, ils devinrent pleinement français, « de papiers et de cœur ». Nés dans des familles instruites, ils auraient pu jouer un rôle actif dans la transformation de la Tunisie s'ils étaient restés dans leur pays d'origine. Ce sont des individus tels que mes parents qui ont été les acteurs déterminants de la Révolution tunisienne. Ma mère est née dans le quartier Lafayette, le petit Paris tunisois, et mon père rue des Tanneurs, avant de s'installer à Mutuelleville – un nom qui ne s'invente pas pour décrire la coexistence –, un quartier de la capitale toujours très prisé des Français. Mon grand-père paternel, qui avait eu dix enfants, était rabbin et greffier au tribunal rabbinique. La famille de ma mère, qui m'a transmis l'appartenance au peuple juif selon la loi ancestrale, était moins pratiquante. Mon grand-père maternel, Albert Abraham Lankar, très francophile et laïc, fréquentait beaucoup de Français et d'Italiens. Je porte son nom : Fabrice Albert Abraham. Je suis un authentique Français de sang mêlé.

Mes aïeux pratiquaient une forme spécifique de « ruissellement », celle de la bienveillance et de l'amour. Il est indéniable que notre généalogie est constituée de branches empreintes d'amour et de douceur. C'était le cas de mon arrière-grand-oncle, le grand rabbin de Tunisie Rebbi Haïm Bellaïche, éminent talmudiste et grand érudit qui fut décoré de la Légion d'honneur en 1940. En raison de son statut, il entretenait une amitié personnelle avec le bey, le représentant de la Sublime Porte, c'est-à-dire l'Empire ottoman, en Tunisie. Né en 1861, il fut enterré en 1947 au célèbre cimetière juif du Borgel à Tunis. Il fut salué pour son courage en tant que résistant durant la guerre. Philanthrope, il apporta son aide à de nombreuses personnes de son entourage. À tel point que, à son décès, le résident général de France, Jean Mons, tint à lui rendre hommage au nom de la France, mais également des membres du gouvernement tunisien et des représentants des ordres religieux. Fin 2021, son corps fut rapatrié en Israël, dans la localité de Lod.

Je suis également imprégné des leçons de vie de l'autre oncle de ma grand-mère : le sergent Henri Isaac Bismuth. D'abord ébéniste, ce beau jeune homme aux cheveux gominés et à la large moustache fut l'un des mille cinq cents engagés volontaires tunisiens morts pour la France. Il participa à la libération du fort de Douaumont à Verdun en 1917. Mort au front à l'âge de vingt-neuf ans, il reçut à titre posthume la médaille militaire, la médaille coloniale, la Croix de guerre, puis la Légion d'honneur en 1923. Son héritage symbolique fut essentiel pour les générations futures dans notre famille : un soldat juif qui, depuis la Tunisie, a défendu le drapeau tricolore avant de venir mourir dans le nord de la France. Bien que le rapatriement de son corps soit incertain, son nom est inscrit sur une plaque au cimetière du Borgel, non loin de l'ancienne tombe de notre rabbi Haïm Bellaïche. En découvrant récemment tout cela, j'ai compris le sens profond des termes « mémoire transgénérationnelle ».

D'aussi loin que je me souvienne, j'ai toujours ressenti un vif sentiment patriotique. C'est cette conviction qui m'a poussé à accomplir mon service militaire sans chercher à me faire réformer, contrairement à bon nombre de mes connaissances. Cet engagement envers la patrie, qui surprenait souvent autour de moi, je n'en ai vraiment compris l'origine que lorsque j'ai appris les faits d'armes de membres de ma famille. Ce sentiment de fierté envers l'un de nos aïeux qui avait fait le choix de la France pour donner son sang m'a toujours bouleversé. Lors d'une de mes premières promenades à Tunis, je suis tombé sur une rue portant son nom : Isaac Bismuth. J'en ai eu les larmes aux yeux. J'ai souri, car elle était mal orthographiée : il était écrit « Issac Bismuth ». Un détail typiquement tunisien, « un vrai truc de tunes », comme on dit chez nous, un léger manque de rigueur qui les rend si attachants.

Aujourd'hui, ces soldats venus d'ailleurs connaissent leur heure de gloire grâce à une nouvelle génération de cinéastes français désireux de faire connaître au grand public les destins de ces hommes tombés pour la patrie. Les films *Indigènes* de Rachid Bouchareb (2006) et *Tirailleurs* de Mathieu Vadepied (2023), pour ne citer que ceux-là, attestent que ces tirailleurs n'étaient pas des tiraillés : ils avaient choisi le camp de la France. Il est regrettable que ces réalisateurs et leurs comédiens préfèrent se servir de ces longs-métrages pour culpabiliser la France et la diviser au lieu de fédérer autour d'elle. Tout est dans l'intention.

L'un des buts du présent ouvrage est justement de détricoter cette pratique pernicieuse de la culpabilisation et son rôle central dans la déconstruction de la société française. L'autoflagellation et la haine de soi ne peuvent que conduire à une impasse. L'importance que j'attache à la transmission et au partage découle de ces récits et ces valeurs matricielles. Tout au long de mes années d'apprentissage de la vie, j'ai eu la chance d'être accompagné par les miens avec tendresse et exigence. Mes aînés se sont toujours employés à me prouver que l'éducation n'est pas seulement une question de moyens. Ma mère me rappelait souvent que, aussi modeste fût-elle, notre famille avait choisi l'instruction comme pierre angulaire de son destin. Mon grand-père paternel, érudit, avait donné aux siens une appétence pour l'instruction. Rebbi Fradji Haccoun a marqué les esprits à Tunis, puis à Sarcelles, où il a terminé sa vie. Il eut dix enfants au total : neuf avec ma grand-mère, Louise Riahi, une femme sage et discrète au mérite immense, et une fille avec son épouse précédente, décédée très jeune. Tous ses enfants, sans exception, ont réalisé un beau parcours, faisant fi de l'exode, des moyens restreints et des vicissitudes de la vie. Mes cousins germains ont été élevés selon des valeurs identiques.

Cela démontre qu'au-delà des questions matérielles l'instruction et l'éducation sont les deux piliers de l'ascension sociale. Là réside une erreur d'importance dans la doxa de l'État en France : faire perdurer la croyance selon laquelle la collectivité peut se substituer à l'éducation des parents. Cette utopie égalitariste, mâtinée de pensée collectiviste, est à l'origine d'un nivellement par le bas dont nous payons le prix fort. Avec pour conséquence de renforcer les inégalités. Les dogmes qui prévalent dans l'action politique sont des facteurs qui expliquent en grande partie « l'échec français ». Peu importent les résultats, du moment que les mesures sont conformes à la doxa. C'est pour cette raison que l'essentiel des réformes sociales – et même environnementales – aboutit à l'effet inverse de celui escompté.

Mon grand-père maternel, comptable dans une entreprise, était également un homme d'une culture éclairante sur la société. À la fin des années 1930, il épousa ma grand-mère, Nina Bismuth, avec laquelle il eut quatre enfants. Lucien, qui mourra en bas âge du choléra durant la guerre, Nancy, ma mère, née en 1941, puis Maguy et Nadine quelques années plus tard. Ma grand-mère, qui habitait chez nous, m'a élevé et profondément influencé. Cette femme-courage, qui a perdu un fils et qui fut veuve si jeune, n'avait perdu ni son optimisme ni sa foi en la vie et en Dieu. Elle nous a transmis sa confiance en l'avenir, sans laquelle je n'écrirais probablement pas ces lignes. Elle nous racontait que mon grand-père fréquentait des gens de toutes origines : catholiques, musulmans, français, siciliens, maltais, tunisiens. J'étais émerveillé par la fierté avec laquelle elle décrivait cette diversité. Je suis convaincu que c'est de là que me vient l'esprit universaliste et fraternel qui m'habite.

C'est dans ce contexte familial que j'ai vécu mes premières années, au cœur d'un arrondissement de grande mixité qui a façonné ma colonne vertébrale idéologique sans que je m'en aperçoive. Cet arrondissement fait pour moi figure de madeleine de Proust. À chaque fois que je me rends chez mon père, qui n'a jamais quitté son quartier, des souvenirs d'enfance s'éveillent en moi. Une enfance où nous étions tous copains, indifférents à la religion, la couleur de peau ou la place dans la société. Nous ne formions qu'un, vivant dans une savoureuse insouciance, à l'image de la « douce France » que chantait Charles Trenet.

Mes parents s'étaient donc tournés vers Paris. Les juifs qui partaient de Tunisie après 1967 allaient tous en France. Ceux d'avant 1962 avaient davantage Israël pour destination. Dont acte. L'origine de l'histoire d'amour entre mes parents resta pour autant ancrée de l'autre côté de la Méditerranée, à Tunis. D'après ce qui m'a été relaté, papa et maman s'étaient rencontrés dans un bus. Ils vivaient tous deux un peu à l'américaine autour du quartier Lafayette et séjournaient l'été à La Goulette. Ils étaient déjà très français dans leur façon d'être, ce qui les a aussitôt rapprochés. C'est pourquoi partir pour l'Hexagone fut sans doute moins difficile pour eux que pour ceux qui ont dû, par exemple, quitter l'Algérie dans l'urgence, le drame et la violence.

Ma tante Nadine s'était déjà installée en France, où elle avait rejoint sa sœur qui habitait une maison à Meaux (Seine-et-Marne). Quand mes parents sont arrivés à Paris en septembre 1967, ils se sont rejoints dans le XIIe arrondissement. Mon père et ma mère se sont rapidement mariés, même si la cérémonie fut modeste. Bien qu'ils n'aient manqué de rien, leurs finances restaient limitées. Il fallait faire attention. L'office eut lieu à la synagogue de Chasseloup-Laubat, dans le XVe arrondissement. Puis toute la famille emménagea dans le même immeuble, au 10 rue de Nice, dans le XIe arrondissement. Mes parents habitaient un studio avec ma grand-mère et ma plus jeune tante maternelle. Le propriétaire, un Tunisien, louait à des juifs venus du pays. Cela recréait un agréable microcosme. Ils ont vécu tous ensemble pendant six ans. Ils avaient choisi le XIe arrondissement qui était déjà très connu pour son cosmopolitisme. Il n'y avait pas vraiment de communauté juive dans le quartier, ce n'est donc sans doute pas ce qui les a guidés, d'autant que ce concept de communauté structurée – presque politique – n'est apparu que plus tard. Je n'ai jamais eu le sentiment d'appartenir à une autre communauté que celle de la nation. Tout ce petit monde a vite tiré un trait sur le passé. Une fois arrivés en France, ils ont tourné le dos à la Tunisie et ont donné des prénoms français à leurs enfants. Personne, à part ma grand-mère, n'a jamais parlé arabe à la maison. Ma tante est régulièrement retournée en Tunisie. Elle en avait besoin. Ce n'était pas le cas de mes parents. Surtout ma mère, qui travaillait beaucoup. Il a fallu attendre des années avant qu'elle foule de nouveau le sol de Tunis.

La saga de ma famille, ma tribu, a été façonnée par des événements heureux et malheureux qui ont ancré en moi une seule religion : celle de la foi en l'avenir. Selon une parabole de la culture hassidique : « Il faut toujours recommencer. » La redondance dans la formulation n'est qu'apparente. Elle contient en réalité la sagesse de cette maxime : l'être humain n'est pas sur terre pour se souvenir en permanence qu'il doit mourir, mais pour innover. Je m'efforcerai durant tout mon parcours de respecter ce viatique.

3

Mon ADN : la France, la Tunisie et Israël

« Être né quelque part, c'est toujours un hasard », chante Maxime Le Forestier que j'affectionne. Je la fredonne souvent. La mélodie est sympathique, mais les paroles le sont bien davantage. J'entretiens un rapport particulier avec cette chanson car je viens de plusieurs « quelque part ». L'histoire et la géographie sont intimement liées. Je suis né français – et fier de l'être – avec des racines profondément ancrées dans un pays de l'autre côté de la Méditerranée : la Tunisie. Mes racines et mon sang viennent de là-bas, à presque 2000 kilomètres de Paris. Ces deux contrées tiennent une place unique en moi. Tout le monde mérite ce bonheur de devenir soi, de se sentir cohérent dans ses choix de vie. Comme mes parents et mes aïeux, j'ai la chance de ressentir cette cohérence. Je suis fier de puiser au plus profond de mes deux identités complémentaires pour assumer mon désir : être patriote, rendre à la France, ce pays que j'aime plus que tout, ce que je lui dois. Aussi surprenant que cela puisse paraître, sans la Tunisie, je n'aurais peut-être pas autant d'amour pour le pays qui m'a vu naître et dans lequel je réside.

De Missak Manouchian à Lyne Cohen-Solal, de Robert Badinter à Coluche, d'innombrables citoyens d'origine étrangère ont œuvré pour ce pays tant ils l'aimaient. Nos parents ont voulu la France, ils ont dû la mériter. Telle est la différence entre un héritier passif et celui s'est battu pour acquérir une appartenance. Cela ne constitue pas une norme pour autant. De nombreux héritiers de la terre de France sont de grands patriotes et le pays compte son lot d'individus d'origine étrangère qui ne lui vouent aucun attachement, voire de la haine. L'amour de la France qui m'anime a suscité l'envie d'écrire ce livre.

Comment s'est déroulée l'intégration de mes parents à Paris ? Ils ont été naturalisés seulement un an après leur arrivée dans l'Hexagone. Tout semblait réglé comme du papier à musique. Maman est devenue laborantine à la clinique Alpha de la porte de la Chapelle, papa comptable dans un laboratoire pharmaceutique. Tout se déroulait pour le mieux. Je n'ai jamais entendu de leur part la moindre plainte ou l'évocation de discriminations. Ils se sont fondus dans la masse et ont rapidement fréquenté des Français et des étrangers, comme ils le faisaient à Tunis. À leurs yeux, c'était une évidence. Malheureusement, la France connaîtra un autre sort avec ses minorités : montée du communautarisme, extrémisme… Année après année, l'intégration a viré à la désintégration.

En arrivant à Paris, la première démarche de mes parents fut de se rendre au Comité d'action sociale israélite (Casip, devenu Cojasor en 2000). Cette association caritative fournissait des meubles à tous ceux qui arrivaient sans rien. Mes parents ont dû trouver un emploi au plus vite car ils n'avaient pas beaucoup d'économies et la vie en France coûtait plus cher qu'en Tunisie. Mon père m'a plusieurs fois raconté comment il s'était rendu dans une cabine téléphonique avec un annuaire pour chercher du travail. Il contactait toutes les entreprises une par une pour savoir si elles avaient un poste pour lui. Cela a vite payé. Lors des Trente Glorieuses, le plein-emploi offrait à chacun la possibilité de travailler.

Je suis né le 2 février 1970, le jour où les mamans préparent des crêpes à leurs enfants, un louis d'or à la main pour provoquer la chance. Nancy Haccoun, née Lankar, est devenue mère. La dame qui partageait sa chambre à la maternité lui a dit : « Votre fils est né le jour de la Chandeleur, il va réussir. » Ce mantra m'a suivi. Cela prouve à quel point chaque mot compte. J'invite toujours mes proches, et ceux que je conseille dans le cadre de mes activités, à prêter attention à chacun des mots qu'ils prononcent. Certains peuvent encourager, d'autres ont l'effet inverse. Une phrase telle que « Tu ne réussiras jamais » peut marquer pour toujours celui à qui elle est destinée.

Notre enfance est la première leçon de vie. En naissant dans le XIe arrondissement parisien, en rejoignant un petit studio dont mon berceau occupait une bonne partie de l'espace, j'ai vécu mes deux premières années comme tant d'autres ayant trouvé refuge en France. Dès mes premiers jours, j'ai ressenti toute la force du mot humilité. Ma grand-mère, Ninette, m'élevait, tandis que mes deux parents travaillaient dur pour subvenir aux besoins de la famille. Ninette, ou Nina, est le grand personnage de notre famille. Elle me conduisait à l'école de la rue des Boulets. Les gens se retrouvaient à cet établissement de la cité Souzy, cela favorisait les rencontres. Pour moi, l'école était tout un poème. Aussi loin que je m'en souvienne, je n'ai jamais aimé y aller. Je pleurais chaque jour sur le chemin. Une nuance tout de même : j'aimais la cour de récréation. J'y ai fait mes plus belles rencontres, des amitiés qui durent une vie. L'un de mes camarades, Patrick Azoulay, un enfant juif venu d'Algérie, est devenu un frère. Des affinités, qui allaient bien au-delà d'un lien communautaire, se sont tissées entre nos familles.

Le second frère de cœur que j'aie rencontré à cette époque fut Olivier Bunouf, un Breton – comme il aime se qualifier lui-même – avec qui je partage aujourd'hui encore une profonde amitié. Sans oublier mes autres amies de toujours, Muriel Rouach et Sylvie Jerosalski. Ceux-ci avaient le don d'apaiser quelque peu la souffrance de ces sept minutes de trajet pour l'école que je vivais comme un chemin de croix. Je donnais tant de voix pour manifester mon mécontentement que tous les habitants du quartier me connaissaient. Mon aversion pour l'école était telle qu'à l'âge de cinquante-deux ans, je ressens encore une angoisse familière le dimanche soir. Une réminiscence de celle qui m'envahissait la veille de chaque reprise scolaire.

Un souvenir de ma petite enfance me revient souvent: celui de Noël. Je me souviens de ma joie en découvrant le jouet offert à chacun des élèves de l'école pour célébrer cette fête universelle. Une magie de l'instant durant lequel nous nous retrouvions tous dans la même tradition sans nous poser d'autres questions. Nul n'aurait refusé de partager ce moment, mais – surtout – personne n'aurait eu l'idée de condamner cette fête au prétexte qu'elle était d'origine catholique. De nos jours, c'est malheureusement le cas dans des pans entiers du territoire français.

Revenons à ma grand-mère Ninette. C'était une femme très belle et coquette, qui n'a jamais cédé à mes caprices. En sus de sa patience infinie, elle m'a transmis l'amour du beau. Elle m'a sans doute aussi donné la part de féminité que j'ai en moi depuis mon plus jeune âge et que j'assume avec fierté, un surcroît de sensibilité qui me rend plus perméable aux autres, probablement plus empathique. Elle se rendait souvent au café Le Brébant, sur les grands boulevards, comme des dames du grand monde, avec ses copines de Tunis. Cette fine équipe de veuves occupait les lieux tout l'après-midi autour d'un Perrier ou d'une menthe à l'eau. Bien qu'elle vînt d'Afrique du Nord, Ninette avait une aversion pour ce qui était trop oriental. Se comporter comme un Français était à ses yeux le compliment ultime. À peine arrivée dans l'Hexagone, elle était aussitôt devenue une vraie Parisienne. Elle détestait l'archaïsme religieux et, par-dessus tout, ces jupes longues que portait l'une de mes copines, une juive pratiquante d'origine marocaine. Cela l'irritait. Refusant d'être « cataloguée », elle avait souhaité s'intégrer au plus vite dans ce pays dont elle avait tant rêvé et qui l'accueillait désormais.

Ma grand-mère ne rejetait pas pour autant les pratiques de la tradition. Elle considérait seulement que celles-ci devaient s'appliquer dans un cadre privé. Nous mangions casher, célébrions le shabbat et les grandes fêtes juives : Yom Kippour, Pessah, Roch Hachana. Le vendredi soir, nous faisions le Kiddouch, la bénédiction sur le vin célébrant le jour saint – mon père lisait l'hébreu. Pour ma famille, il s'agissait davantage de culture et d'identité que de religion. La foi était omniprésente, mais celle-ci était axée sur la symbolique plus que sur la stricte pratique des rites.

En famille, nous parlions français, mais ma grand-mère s'exprimait aussi en arabe. *Quid* de l'hébreu ? Contrairement aux Ashkénazes, qui parlaient yiddish, tous les juifs d'Afrique du Nord fréquentaient dès leur plus jeune âge le *keteb*, pour apprendre à lire le Talmud et la Torah. Après la bar-mitsvah, la cérémonie de la majorité religieuse qui correspond peu ou prou à la communion chez les catholiques, cette connaissance se perd malheureusement au fil du temps. Il est nécessaire de s'y remettre à l'âge adulte pour se reconnecter avec cette partie de notre identité. Nous chantions en hébreu à la synagogue, mais l'office était tout de même difficile à comprendre.

En réalité, nous allions à la synagogue uniquement pour les grandes fêtes. Chacun agissait en accord avec sa conscience. Hier comme aujourd'hui, la référence à la religion ne nous définit pas. Même s'ils étaient croyants, pratiquants et très attachés à leur judaïsme, je n'ai jamais entendu mes parents exprimer une préférence communautaire à la maison. Nous avions des amis de tous horizons et nous les fréquentions sans nous préoccuper de leurs origines. Personne ne m'a jamais désigné comme juif. Mes camarades savaient que je venais de Tunisie, mais nul n'y voyait un problème.

Très vite, mes parents ont abandonné leur nationalité tunisienne pour la nationalité française exclusive. Je considère que ce fut un excellent choix pour faciliter notre intégration. Mes parents ont vite tourné la page, avant de revenir, avec le temps, vers le pays qui les avait vus naître. À l'origine, une alternative à la France s'était offerte à eux : Israël. Plusieurs frères et sœurs de ma grand-mère avaient fait ce choix. Peut-être ont-ils cru qu'il serait plus facile de recommencer leur vie dans un pays naissant. Ce ne fut pas le cas. Non seulement cela a causé un déchirement familial, mais le récit de ce qu'ont vécu ces parents éloignés m'a accompagné. Nous savions que la vie de pionniers qu'ils menaient était difficile. À cette époque, cela faisait partie du mythe du « retour » en Israël. Partir là-bas impliquait une rupture et un mode de vie spartiate. On m'a raconté qu'ils n'avaient même pas de quoi se vêtir. L'une de mes grands-tantes fut cantinière, l'autre ne travailla pas et eut dix enfants. Les moyens de communication et les transports de l'époque rendaient presque impossible le maintien d'un lien avec eux.

Mes parents avaient choisi la France et n'ont jamais eu à s'en plaindre. Comme des millions de leurs compatriotes, ils ont travaillé dur et leur nouveau pays le leur a bien rendu.

Si je suis né sous la présidence de Georges Pompidou, mes premiers souvenirs liés à la politique remontent à celle de François Mitterrand. J'avais alors onze ans. À l'époque, les juifs votaient massivement pour les partis de gauche. Mes parents, eux, penchaient davantage pour une droite humaniste. Le pays était alors rongé par le racisme, qui se manifestait ouvertement dans certaines régions. Le sentiment anti-immigrés provoquait de nombreuses agressions, voire des crimes. Telle était la face sombre du slogan « Changer la vie » de François Mitterrand. La combinaison des plaies de la guerre d'Algérie et de la présence d'ouvriers maghrébins attirés par les gouvernements de Valéry Giscard d'Estaing pour travailler dans les usines formait un cocktail explosif. Les Arabes subissaient de fortes discriminations. Je sais que nombre de juifs ont tendu la main à leurs frères musulmans alors qu'ils venaient d'être expulsés des pays du Maghreb. Il existait alors un sentiment de communauté de destins. La plupart de ceux qui prenaient position pour défendre les Arabes étaient juifs. J'estime que cela rend encore plus difficile à digérer ce que l'on appelle pudiquement le «nouvel antisémitisme». Il s'agit d'une grave trahison commise envers ceux qui ont été les premiers à tendre la main aux Arabes quand ceux-ci subissaient le racisme ordinaire.

Au cours de cette période, après un énième meurtre à caractère raciste survenu dans une cité de Marseille, une marche de «Beurs» – la mode du verlan ayant forgé ce terme étendard – s'est transformée en un impressionnant cortège parcourant le pays jusqu'à la capitale. Cette «Marche pour l'obtention des droits civiques et du regroupement familial» fut probablement l'événement le plus significatif qui suivit l'arrivée de la gauche au pouvoir. À l'affût d'un gain politique, François Mitterrand lança à cette occasion le mouvement de la gauche antiraciste qui allait profondément influencer la culture politique du pays. Des personnalités politiques juives de gauche, tels Julien Dray, Dominique Strauss-Kahn et Jérôme Guedj, ont émergé dans le giron de SOS Racisme, le mouvement de jeunesse popularisé par la célèbre petite main jaune et le slogan «Touche pas à mon pote». Dans ce qui ressemble avec du recul à une perversion et sans que nous ne le percevions à l'époque, François Mitterrand posa, avec cette main dont la couleur n'était pas innocente, le germe de la discorde et l'inversion des valeurs et des rôles. Il inscrivit la concurrence victimaire que nous subissons aujourd'hui dans le paysage socio-politique.

Je n'ai pas le souvenir d'avoir été victime d'antisémitisme à titre personnel. Je me souviens en revanche de vacances à Juan-les-Pins durant lesquelles la ville avait été en émoi car un client d'un bar-tabac avait été traité de «sale juif» par le patron. Je m'étais évidemment identifié à cet homme. Pourquoi évoquer cet événement? Pour souligner qu'à l'époque ce qui est malheureusement devenu chose courante aujourd'hui dans certains territoires était exceptionnel et provoquait l'émoi. De nombreuses digues sont tombées. La mémoire de l'antisémitisme engendrait chez la plupart des juifs une forme de solidarité envers les Arabes. De Bernard-Henri Lévy à Alain Finkielkraut – bien que ce dernier ait changé depuis –, les intellectuels juifs ont été à la pointe du combat antiraciste.

Certes, comme toujours, subsistait l'antisémitisme latent de l'extrême droite, également nourri par un antisémitisme d'origine chrétienne. En créant le Front national, Jean-Marie Le Pen avait rassemblé les différentes chapelles de l'extrême droite française sous la bannière anti-immigrés. Dans sa mouvance, et sous l'égide du journal *Minute*, les activistes du mouvement de jeunesse antisémite du Gud (Groupe union défense) et autres nostalgiques de la collaboration avec les nazis s'exprimaient publiquement, sans pour autant parvenir à déstabiliser le pouvoir. De l'autre côté du spectre politique, le conflit israélo-palestinien ne débordait pas encore de l'univers des révolutionnaires gauchistes. Le monde était structuré par la Guerre froide, les camps étaient bien délimités et les partis de masse, de droite comme de gauche, dominaient la société. Il aura fallu attendre le 7 octobre 2023 pour que ce qui était latent éclate au grand jour, dans une inversion totale de paradigme. Le FN, devenu RN après avoir été « nettoyé » par Marine Le Pen, s'est alors posé en bouclier pour les démocrates en général et les juifs en particulier, en même temps que la gauche s'enfonçant dans ses contradictions et parfois dans un antisémitisme crasse, pour sa frange la plus radicale.

C'est en Tunisie que l'on nous a appris que nous étions tous des fils d'Abraham. Je m'appelle Fabrice

Albert Abraham. Deux prénoms français suivis d'un prénom biblique. Nous sommes originaires de Tunisie, sans doute même de régions plus éloignées, vers le détroit de Tiran, en Égypte, bien que les souvenirs familiaux à ce sujet soient plutôt flous. La religion nous a enseigné que nous venons tous de cette région du monde. En tant que juifs tunisiens, notre émigration date de bien longtemps. Pendant des siècles, nous avons vécu au milieu des Arabes, avons bâti une existence méritante et relativement heureuse. J'insiste sur ce « relativement » car, comme l'a rappelé Georges Bensoussan, le sort des juifs en terre d'islam fut loin d'être facile, quoique sans comparaison avec celui des juifs d'Europe de l'Est. Alors que le sang de la Tunisie coulait dans nos veines, en 1967, nous avons dû la quitter pour venir en Europe. Je dis « nous », même si je n'étais pas encore né, ce qui souligne l'importance de la mémoire transgénérationnelle et génétique. J'en parle presque comme si j'y étais. Ce qui a forcé notre départ fut l'onde de choc d'un séisme moyen-oriental qui s'étendit jusqu'à la Tunisie.

Le 6 juin 1967, une guerre a éclaté. L'aviation israélienne a déclenché une attaque préventive contre l'Égypte en clouant ses avions au sol. Les signaux d'un embrasement s'étaient multipliés les mois précédents avec la nationalisation du canal de Suez par le président égyptien Nasser. L'attaque israélienne surprit les armées des pays arabes qui entouraient l'État d'Israël. Une offensive conjointe de la Syrie, de la Jordanie et de l'Égypte fut lancée dans la précipitation. Nul n'aurait pu prédire l'issue de ce conflit, qui ne portait pas encore le nom de guerre des Six Jours.

Les conséquences, elles, furent immédiates : en l'espace d'une nuit, le visage de la Tunisie connut une transformation radicale, comme depuis deux semaines avec l'attaque du Hamas en Israël. Les juifs subirent une version orientale de la nuit de Cristal. Tout ce qui avait un lien avec la communauté devint la cible de la vindicte populaire sur l'ensemble du territoire. Des magasins et des synagogues furent brûlés, des rouleaux de la Torah flambaient dans la rue. À Tunis, une foule furieuse manifesta contre les juifs. Tout bascula ce jour-là. La haine et la violence embrasèrent le pays, balayant près de deux millénaires de bienveillance et de fraternité. Tunis la douce était devenue l'épicentre d'un mouvement incontrôlable qui donna le signal de l'exode des juifs. Les tensions s'amplifièrent. Face à la menace de l'Égypte et de la Syrie, Tel-Aviv réagit avec détermination pour préserver sa survie et remporta la guerre en moins d'une semaine. Israël exercera ainsi son contrôle sur la bande de Gaza, le Sinaï et le plateau du Golan, laissant les Arabes dans la défaite et l'humiliation.

Point d'orgue de cette victoire éclair : la vieille ville de Jérusalem fut reprise par l'armée israélienne, notamment les abords des vestiges de l'ancien Temple. L'émoi fut considérable dans le monde, en particulier dans les pays où vivaient des communautés juives. À Tunis, un cortège mené par des étudiants saccagea le Centre culturel américain, accusant les États-Unis d'être responsables de l'offensive israélienne. Pour la première fois dans le pays, des drapeaux israéliens furent brûlés. Le cortège se dirigea ensuite vers la grande synagogue, brisant et saccageant les commerces juifs sur son passage. Dix-neuf ans après la Shoah, l'histoire semblait bégayer dans ce qu'elle a de plus sombre. La synagogue prit feu, les juifs du quartier se barricadèrent ou fuirent. Les prémices d'un pogrom survinrent. La communauté juive tunisienne était en état de choc. Si l'émeute fut finalement maîtrisée par les autorités, ce sinistre événement réveilla un sentiment antijuif en Tunisie. Cela semblait irréel. Les juifs de Tunisie n'étaient jamais allés en Palestine sous mandat britannique, ils n'avaient aucun lien avec ce territoire et n'étaient, dans leur immense majorité, pas politisés. Que pouvait-on leur reprocher ?

C'est pourtant à eux que les foules fanatisées s'en sont pris dans tout le monde arabo-musulman. Ce conflit, instrumentalisé par des chefs d'État dictatoriaux, a depuis servi de chiffon rouge pour attiser la haine du juif et détourner les masses de leur incurie. En désignant ainsi l'ennemi, on fédère et on fait oublier la déliquescence économique, politique, sociale et morale. Des générations entières ont été biberonnées à la haine. Le mot «juif» est devenu une insulte. Dès qu'on le prononce, il faut aussitôt ajouter *khachakem* pour s'excuser. Telle est la réalité qui règne encore dans de nombreux pays du Maghreb et du Proche-Orient. Cette haine fut ensuite importée en France… et défie encore aujourd'hui la République.

Les événements de Tunisie n'ont pas connu la même intensité que ceux qui ont frappé d'autres pays, mais ils n'en ont pas moins provoqué l'exode de milliers de juifs. Ceux-ci étaient pourtant de vrais patriotes. Ce qui a eu lieu peut être qualifié de mouvement d'épuration ethnique, car il a vidé le pays d'une population dont la présence était plurimillénaire. Lorsqu'on me demande pourquoi j'aime autant la Tunisie, ma réponse est toujours la même : mes ancêtres y ont vécu, au moins pour partie, bien avant les invasions arabes et l'avènement de l'islam. Ce pays est donc autant le mien que celui de ceux qui l'habitent aujourd'hui. Je précise «pour partie» car une autre partie des juifs du Maghreb avait dû faire face à l'Inquisition. Que je sois issu d'une minorité ne change rien à l'échelle de l'Histoire.

Il y avait bien eu en 1961 la crise de Bizerte entre la France et la Tunisie indépendante, mais elle avait été brève et personne ne s'était senti menacé. Pourtant, 50 % des juifs qui restaient en Tunisie furent pris d'angoisse et partirent – le 6 juin 1967 pour les derniers. Le discours de Bourguiba, père de la nation tunisienne, n'y a rien fait : le pays avait retrouvé le calme, mais nous avons senti qu'il était temps pour nous de voguer vers d'autres horizons. Ma tante, la sœur de ma mère, a pris un avion pour Paris ce jour-là. Mes parents ont suivi dès septembre pour un aller sans retour vers l'Hexagone.

Évidemment, la situation des juifs de Tunisie n'est pas comparable à ce qu'ont vécu ceux de Pologne ou de Hongrie. Au XXe siècle, être séfarade fut davantage une chance qu'être ashkénaze. Pour autant, nous avons connu notre lot de drames en deux mille ans de présence en Méditerranée : les tensions lors de l'islamisation de l'Afrique du Nord, puis, surtout, l'expulsion d'Espagne en 1492 après l'effondrement du royaume andalou d'Haroun al-Rachid et la *Reconquista* de la péninsule Ibérique par les chrétiens. La reine Isabelle la Catholique ne montra guère de tolérance envers nous, mais les Arabes nous ont accueillis en plus grand nombre à partir du XVe siècle. La vie fut ensuite un long fleuve tranquille pour les juifs en Tunisie, jusqu'aux premières tensions lors de la renaissance de l'État d'Israël. Le statut de minorité n'est pas le plus confortable qui soit, mais nul ne peut nier que les juifs bénéficiaient d'une existence relativement paisible au Maghreb. Surtout en Tunisie, une terre qui s'est toujours illustrée par son humanisme, sa distance par rapport à la religion et une population au caractère assez doux avant qu'un populiste sans aucune empathie n'en prenne récemment la présidence.

L'intégration des juifs à la société tunisienne a plutôt coulé de source.

La société était pacifique, tolérante, ouverte. Une terre de passage bercée depuis des siècles par l'islam malékite, l'une de ses formes les plus tolérantes. Ce petit coin d'Afrique du Nord grand comme un timbre-poste rassemblait des Maltais, des Siciliens, des musulmans et des Français. Ce melting-pot «à la tunisienne» fut un succès, sans communautarisme, pour reprendre un mot anachronique devenu à la mode. Tout cela m'a structuré lorsque je suis retourné sur les lieux de mes racines. Cette acclimatation des minorités se révéla plus compliquée et plus violente dans certains pays voisins. Au fond de moi, je sais que je dois en partie mon ouverture d'esprit à mes origines tunisiennes.

Les événements de 2011 ne sont pas survenus par hasard dans l'histoire du monde arabo-musulman. Ma Tunisie fut le premier pays à s'affranchir de son dictateur après des décennies de «bénalisme». Depuis 1987, la société civile vivait sous la férule de ce dirigeant autoritaire. S'il avait contribué à la modernisation du pays, son régime a dérivé au fil du temps pour devenir une sorte de «république bananière» à la sauce harissa. Après le sacrifice de Mohamed Bouazizi, ce jeune marchand ambulant qui s'est immolé pour protester contre le harcèlement qu'il subissait de la police, le pays entier s'est embrasé pour une cause: celle de la démocratie, de la liberté et de la justice. Il est d'ailleurs à noter que l'on retrouve dans la France actuelle tous les ingrédients qui ont conduit à la révolution tunisienne: un État arbitraire, ventripotent et impotent face à un peuple qui souffre. Seul l'intenable déversement de subsides sociaux permet au système de se maintenir, mais pour combien de temps encore?

La Tunisie, elle, oscille entre espoir et déconvenues. Après la révolution, le parti islamiste Ennahda est arrivé au pouvoir. Formation souverainiste, conservatrice et populaire. Les Tunisiens se sont à nouveau mobilisés pour faire tomber les islamistes par les urnes. Un fait exceptionnel car, comme toutes les formations fascisantes, les partis religieux prennent souvent le pouvoir par les urnes mais ne le quittent plus par la suite, la démocratie se bornant à eux-mêmes. Après de nouvelles élections, la victoire présidentielle revint à Beji Caïd Essebsi, un politicien plutôt libéral et modéré. Après son décès en 2019, le président Kaïs Saïed – encore au pouvoir à l'heure où j'écris ces lignes – a accédé à la fonction suprême avec le soutien des islamistes. Pour limiter l'influence de ses encombrants soutiens, il a pris les pleins pouvoirs en 2021. Depuis, la Tunisie ne cesse de s'enfoncer dans une crise économique. Le président attise le feu en flattant les instincts racistes et antisémites d'une population de plus en plus désespérée.

Après l'attentat antijuif de la synagogue de Djerba en mai 2023, en contradiction avec de nombreuses voix qui m'invitaient à ne plus me rendre en Tunisie, j'ai appelé en ces termes à renforcer notre soutien à ce pays en hommage à sa société civile méritante : « Après tristesse, le premier mot qui me vient à l'esprit suite à l'attentat de Djerba c'est déchirure. Je suis déchiré entre mon envie de crier que dans une démocratie, le peuple n'est pas victime de ses dirigeants mais complice et en même temps de demander aux gens de ne pas abandonner la Tunisie qui subit déjà une crise économique majeure. En matière de terrorisme, la parole précède toujours l'acte. Or depuis l'avènement au pouvoir de Kaïs Saïed, la rhétorique antisémite, anti-israélienne et raciste est quasi permanente. Néanmoins, réagir avec les tripes et abandonner la Tunisie, ce serait clairement faire le jeu des terroristes qui prospèrent sur la misère qu'ils provoquent par leurs actes. Personne et en premier lieu sûrement pas l'Europe n'a à gagner à voir une Tunisie affaiblie tomber aux mains des extrémistes. [...] Je vais en Tunisie plusieurs fois par an depuis dix-sept ans et de l'aéroport à mes déambulations partout, je me suis toujours senti en sécurité, souvent bien plus qu'en France. On peut assimiler tous les Tunisiens au terroriste et les vilipender mais on peut aussi décider que les trois policiers morts pour protéger des centaines de vies juives ne sont pas moins emblématiques de ce pays et de sa société civile moderne et émancipée. C'est ce que j'ai décidé de faire pour ma part. Haïr c'est facile, il suffit d'écouter son instinct. Aimer demande un effort, celui de faire marcher de concert son cœur et sa tête. »

J'en suis convaincu : l'Europe doit soutenir ce pays qui peut faire office de phare pour le monde arabo-musulman. La France doit œuvrer en ce sens.

C'est moi qui ai souhaité raviver la flamme en retournant sur les traces de notre histoire familiale en Tunisie. Ce fut chose faite quand ma mère nous proposa de retourner là-bas en 1998 pour des vacances à Djerba. Nous y sommes allés tous ensemble, avec ma mère, mon père, ma femme et mon fils. Je les ai beaucoup observés sur place : ils ne manifestaient aucune nostalgie ni aucune douleur. Ils mettaient seulement leur mémoire en conformité avec l'instant présent. Ils reprenaient un fil ininterrompu. Nous sommes ensuite partis pour Tunis. Là encore, mes parents sont entrés dans la ville par la porte du passé, se rendant tout d'abord au cimetière du Borgel sur la tombe des héros de guerre de notre famille. Quand le chauffeur de taxi a su que nous étions juifs, il a aussitôt coupé le compteur et a tenu à nous offrir la course, ainsi qu'une visite de la ville. Ce geste m'a beaucoup touché. Avec cet accueil chaleureux, je retrouvai en un instant le portrait émouvant que l'on m'avait dressé de la Tunisie. Ma mère a voulu retrouver sa maison de jeune fille.

Depuis son décès, c'est mon père qui est heureux de revenir aussi souvent que possible en Tunisie. Ce voyage initial lui a insufflé un regain d'affection pour le « pays du jasmin ». Il en est de même pour mes enfants. Il leur arrivait souvent de dire qu'ils étaient tunisiens et fiers de l'être, avant que nous ne soyons tous déçus par la manière dont les masques sont tombés après les massacres du Hamas en Israël. La constellation intergénérationnelle continue de créer ses étoiles. La vie m'a enseigné cette leçon inattendue : les racines ne connaissent ni les frontières ni le temps ; après tout, elles percent bien les murs et soulèvent les trottoirs en béton.

Quant à l'amour d'Israël, il y aurait tant à dire ! Cela peut tout de même se résumer en ce qui devrait être une évidence pour chaque juif, qu'il soit croyant ou non : Israël est essentiel et existentiel. Pour illustrer mon propos, je prends toujours le même exemple. Lors de la célébration des cinquante ans de la libération du camp d'Auschwitz, j'ai été invité par une institution. Le carton d'invitation présentait une photo de généraux israéliens visitant le camp avec une phrase qui résume tout à elle seule : « Tsahal à Auschwitz, cinquante ans après, cinquante ans trop tard. » L'Histoire récente a démontré que rien n'est immuable. Pour reprendre une formule de Charles Pasqua : les promesses de « plus jamais ça » n'engagent que ceux qui y croient.

Pour ma part, je ne crois pas à ces promesses, surtout depuis que l'Europe est de nouveau en guerre sur son propre territoire, et depuis que le président de mon pays, la France, a décidé de soutenir des terroristes au détriment d'une démocratie pourtant partenaire et amie. Israël incarne l'assurance-vie du peuple juif, ce qui suffit à lui accorder mon amour et un soutien indéfectible, tout en me permettant d'être critique quand il le faut, comme récemment avec l'inadmissible réforme judiciaire du gouvernement Netanyahou. Comme disait le magnifique poète Herbert Pagani, aux convictions pourtant à la gauche de la gauche : « Quand Israël sera hors de danger, je choisirai parmi les juifs et mes voisins arabes ceux qui me sont frères par les idées. Aujourd'hui, je me dois d'être solidaire avec tous les miens, y compris ceux que je déteste, au nom de cet ennemi insurmontable : le racisme. » Un autre adage est tout aussi éloquent : « Ce n'est pas parce qu'il y a eu la Shoah que l'État d'Israël existe, mais plutôt parce qu'il n'existait pas qu'il y a eu la Shoah. » Tout est dit.

Désormais, je nourris un rêve : voir la Tunisie comprendre à quel point elle se fourvoie. Même si je sais les Tunisiens sincères dans leur soutien à la cause palestinienne, je suis convaincu qu'une normalisation des relations entre la Tunisie et Israël serait profitable aux trois peuples, les Israéliens, les Tunisiens, mais aussi les Palestiniens. Je le répète depuis des années : une normalisation massive avec les pays arabo-musulmans est le meilleur moyen d'encourager les Israéliens à faire les concessions nécessaires à l'instauration de la paix. La perspective d'un grand marché et d'une communauté d'intérêts au sein du Machrek et du Maghreb est bien plus convaincante que toutes les hypocrites sanctions auxquelles se livrent certains pays « tartuffes ». Si cela se réalise et que la Tunisie noue des relations avec Israël, ces trois pays qui constituent mon ADN seront réconciliés. Pour répondre à ceux qui accusent les Français d'origine étrangère de double allégeance, je rappelle que ce qui est matériel se divise, mais que l'amour, comme toute chose immatérielle, se multiplie à l'infini.

4

Je suis un *biker*

Comment se fait-il que je sois devenu un motard invétéré malgré l'accident dont mon père a été victime ? Le jour où une moto l'a percuté, sa vie professionnelle et l'insouciance familiale en ont été bouleversées. C'est encore un des mystères de la « galaxie intergénérationnelle ». Lorsque j'ai appris son accident, j'ai couru jusqu'au laboratoire où travaillait ma mère. Courir fait partie de ma vie : une marque de fabrique pour les uns, un travers pour d'autres. Je cours tout le temps, même pour passer de la cuisine à la salle de bains. Cela fait rire ma fille. Certains de mes amis me surnomment « Forrest », en référence au film *Forrest Gump*. Je dois admettre qu'il y a quelque chose de ce personnage en moi. Une sorte de naïveté qui me donne parfois l'impression de ne pas être totalement impliqué dans ma propre vie, comme si je n'en étais qu'un spectateur. Peut-être est-ce par désir d'accomplir plus de choses pendant le temps qui m'est accordé sur terre que je cours si souvent. Je dors peu et je vis plusieurs vies en une, comme pour étirer le temps.

Ce 1er décembre restera à jamais gravé dans ma mémoire. Arrivé au laboratoire, je passai comme chaque jour devant l'accueil en précisant que je venais voir ma mère. Une fois dans la salle technique, je la trouvai en larmes devant son microscope. À cette époque, les laborantins travaillaient principalement au microscope, à partir duquel ils réalisaient les numérations. Ma mère, aussi petite qu'elle fût, devait donc travailler debout. Elle commençait ses journées à 7 h 30 avec le premier prélèvement et les terminait à 19 heures. Entre midi et deux, elle prenait son déjeuner de carottes râpées dans une salle aveugle du sous-sol du laboratoire, puis remontait aussitôt pour poursuivre son travail. Voilà qui était ma mère.

Ce jour-là, elle n'affichait pas son sourire habituel, celui qui illuminait son visage malgré les difficultés de l'existence. Elle pleurait. Après avoir essuyé ses larmes, elle me dit : « La police vient de m'appeler : papa a eu un accident, mais ne t'inquiète pas, il a seulement le bras cassé. » En réalité, mon père se trouvait en soins intensifs, avec des fractures partout sur le corps : sa jambe, son bras, ses côtes et même sa tête. Selon les témoins, la moto qui l'avait percuté l'avait projeté à plusieurs mètres de distance. Le soir même, j'accompagnai ma mère au Kremlin-Bicêtre où il était hospitalisé. Je n'avais pas encore conscience que cet événement était en train de changer ma vie. Je n'avais alors qu'une dizaine d'années, mais je suis devenu adulte, avec tous les dégâts que cela peut occasionner sur le développement personnel.

Cette épreuve m'a en outre octroyé une force singulière, une volonté de liberté et d'audace mêlée à un sentiment de responsabilité. Je ne le compris que plus tard, avec l'expérience, mais aussi grâce à l'anecdote suivante que me raconta un sage. Un homme fortuné consulta un rabbin pour se plaindre de son fils en ces termes : « Rabbi, je ne comprends pas. Je suis issu d'une famille pauvre, j'ai perdu mon père quand j'avais dix ans. J'étais l'aîné, j'ai travaillé dur, j'ai fondé un empire commercial, j'ai marié mes sœurs et soutenu ma mère.

Or mon fils, qui a eu tout ce dont il avait besoin, ne fait rien de sa vie. Comment est-ce possible ?» Le rabbin le fixa du regard et lui répondit : « C'est logique, mon ami, car ton fils n'a pas eu la chance de perdre son père.» Cette allégorie suffit à illustrer combien une épreuve telle que celle que j'ai vécue peut être fondatrice, aussi triste et difficile soit-elle.

Au chevet de mon père, je n'étais encore qu'un petit garçon impressionné par le décorum de l'hôpital. Son état était si grave qu'il dut être transféré à l'hôpital de Garches, doté d'une unité spécialisée pour les accidentés de la route. Sous le choc, ma mère et moi rentrâmes chez nous. Mon petit frère, âgé de deux ans, n'avait pas tout à fait conscience de la situation et nous préservions ma sœur des détails. Durant un an, nous nous rendîmes un soir sur deux à Garches. Mon oncle Jacky nous y conduisait parfois en voiture, mais le plus souvent nous prenions le train de banlieue, qui n'est pas celui de l'insouciance. J'accompagnais ma mère dans ces trajets difficiles. Dans le quartier, les voisins s'étaient habitués à voir le petit garçon que j'étais faire les courses pour sa famille. Notre situation financière se dégrada rapidement. Ma mère comprit que mon père n'était pas aussi bon gestionnaire que son métier de comptable le laissait supposer. Elle découvrit des arriérés de loyers dans les comptes du ménage. Elle parvenait péniblement à gagner sa vie et près de 40 % de ses revenus étaient consacrés au loyer. À l'époque, la Mutuelle et la Prévoyance n'existaient pas. La conséquence fut impitoyable : pas de travail, pas de revenus. Mon père fut bien reconnu comme accidenté du travail, mais une mauvaise nouvelle vint accroître le désarroi de mes parents : la compagnie d'assurances du motard qui avait renversé mon père fit appel des sommes qu'elle avait été condamnée à payer et obtint gain de cause en deuxième instance. Mes parents durent donc rembourser de l'argent qu'ils n'avaient plus. Avant la loi de 1985 sur les accidents de la route, la responsabilité d'un piéton pouvait être mise en cause. Or mon père avait traversé en dehors des passages cloutés…

Ce drame m'obligea à devenir responsable. Mon père avait perdu son emploi et ma mère dut tout assumer du jour au lendemain : son mari, ses fils, sa fille, mais aussi sa mère qui habitait chez nous. Du côté maternel, a toujours existé cette capacité à affronter les problèmes et à les résoudre. C'est une caractéristique génétique : ma mère et ma tante ont toutes deux accompli des prouesses. J'ai hérité de cette capacité. Ce fut le commencement d'une descente aux enfers. Au chômage, mon père sombra dans la dépression. Ce début de ma vie, à l'aube de mon adolescence, fut une étape de ma construction personnelle. Maman nous tenait à bout de bras. J'ai gardé en moi sa rage de vaincre les difficultés.

Dès le 15 de chaque mois, nous n'avions plus d'argent. Ma mère décida de vendre ses congés à son employeur, qui la soutenait dans cette épreuve. Le Dr Robert Nataf et son épouse Brigitte furent pour nous des anges gardiens, présents à chaque moment… mais à quel prix pour ma mère ! Il fallait faire face à ce coup de grisou de l'existence et retourner chaque jour « à la mine ». Je l'aidais du mieux que je pouvais, sans jamais me plaindre. Je pris la place de mon père, qui était très fragile, tant physiquement que psychologiquement.

Ma mère prit sa retraite à soixante-cinq ans et décéda d'une leucémie foudroyante la veille de ses soixante-sept ans. Quelle ironie du sort ! Celle qui toute sa vie avait soigné les autres par le sang mourut elle-même par le sang. À moins que ce ne fût un clin d'œil de Dieu qui la récompensait ainsi par la vie éternelle. Chacun se forgera son opinion en fonction de ses convictions. La mienne est faite. Ma mère a consacré sa vie à ses enfants. Elle a eu besoin de se débarrasser de son enveloppe corporelle pour continuer à œuvrer pour nous. Je sais : une telle théorie possède une dimension christique, mais est-ce étonnant pour celle dont la bonté et l'amour dépassaient l'entendement ? Quand j'ai débarrassé l'appartement de ses affaires, j'ai retrouvé sa trousse à prélèvements. Même à la retraite, elle effectuait encore des analyses pour certains patients qui ne voulaient avoir affaire qu'à elle.

En écrivant ces lignes, je repense aux voix de ces femmes entendues dans les médias, celles qui ont trimé toute leur vie et qui expriment leur révolte contre le projet de réforme des retraites qui allonge la période durant laquelle elles devront continuer à travailler. Le ministre du Travail a dû reconnaître, *mezza voce*, que cette réforme de 2023 pénalise les femmes. Je pense aussi à la situation scandaleuse de la navigatrice Clarisse Crémer qui, enceinte, lâchée par son sponsor, a failli devoir renoncer à sa participation au Vendée Globe 2024. Je ne comprendrai jamais la manière dont cette société traite les femmes, leur faisant payer, non sans cynisme, le privilège de porter en elles la chose la plus merveilleuse qui soit, la garantie de la survie de l'espèce humaine. Je pense à ma mère qui s'est littéralement tuée au travail, et je comprends la colère de ces femmes.

Ma mère faisait partie de ces personnes qui se fixent des objectifs et qui, lorsqu'elles les ont atteints, peuvent se retirer sur la pointe des pieds. Je l'ai compris lorsque je me suis retrouvé à l'hôpital avec elle au lendemain de la Pâque juive, en 2008, quelques heures après l'annonce de sa leucémie. J'étais aussi terrifié qu'effondré. Alors que j'essayais de la rassurer, elle m'a répondu avec le plus grand naturel : « Ce n'est pas grave, mon fils. J'ai élevé mes enfants, c'est l'essentiel. » À cet instant, son seul souci était de ne pas nous causer de chagrin. Tel était le sacrifice d'une femme qui avait consacré toute sa vie à sa famille, ses enfants. Travailler sans relâche pour donner aux autres et chérir la liberté, c'est ma façon d'honorer sa mémoire. Lui rendre hommage, c'est poursuivre sa vie à ma façon, en perpétuant la part la plus belle de son héritage immatériel : l'altruisme.

Avant 1980, l'insouciance régnait, notre vie était paisible. À l'époque, mes parents avaient obtenu un logement social, rue Neuve-des-Boulets, dans le XIe arrondissement, où mon père vit toujours. À l'école, je me battais même pour la place de premier de la classe avec trois filles : Laurence Bonnet, Laurence Nabet et Laurence Nguyen, trois Laurence, trois jeunes enfants de France comme moi. Leurs parents étaient issus d'horizons différents, mais ils s'étaient tous réunis sous la même bannière au sein du creuset républicain. Le week-end, nous prenions la voiture, une 304 Peugeot bleue, pour quitter notre quartier populaire et nous rendre au parc Monceau, en plein « Triangle d'or ». Nous y jouions avec Stéphanie, ma sœur née deux ans après moi. Ma mère s'émerveillait devant les immeubles haussmanniens de la rue de Prony et du boulevard de Courcelles. C'est avec amusement, nostalgie et fierté que je me suis installé dans ce quartier en 2015, quelque trente-cinq ans plus tard. J'y vis toujours.

Au cours de l'année 1980, je vécus un nouveau bouleversement : lors de mon passage en sixième, je quittai les « trois Laurence » pour rejoindre « trois Fabrice ». Le collège dans lequel j'étais affecté souffrait d'une très mauvaise réputation. Maman se sacrifia de nouveau : elle décida de m'inscrire dans le privé. Je rejoignis donc le collège Yabné, un établissement juif qui n'a rien de « communautaire », contrairement à ce que sont devenues, hélas, les écoles confessionnelles en France. Avec Maïmonide à Boulogne, Yabné est l'une des meilleures écoles de la capitale. C'était le plus important. Dans ma classe, nous étions donc quatre Fabrice : à l'époque, les juifs donnaient encore des prénoms français à leurs enfants. On n'observait pas encore ce repli identitaire provoqué par l'émergence d'un nouvel antisémitisme et l'échec de la République à maintenir sa flamme. Ce collège comptait sur ses bancs de nombreux élèves issus de familles fortunées, mais il y régnait une véritable mixité sociale. J'y croisais chaque jour des camarades dont les parents ressemblaient aux miens et qui, depuis, ont « réussi ». Ce fut une source de motivation, bien que je sois d'un naturel plutôt rêveur.

Malheureusement, le niveau était si élevé que mes notes s'effondrèrent. Cette période coïncida avec ma crise d'adolescence. En situation d'échec scolaire, j'explosai : je devins un rebelle. Pas un révolutionnaire qui cherche à tout détruire, mais un rebelle qui souhaite construire et se battre contre les injustices. À Yabné, cela dénotait. Je finis par me faire virer en troisième après avoir redoublé ma quatrième. Je me retrouvai ensuite au lycée Voltaire, avenue de la République. Non seulement ce changement façonna l'idée que je me fais de la France telle que je l'ai toujours rêvée, mais il contribua également à mon engagement pour un retour à cette France du dialogue et de la (ré)intégration républicaine. Nous étions en 1986 et j'avais seize ans. La guerre du Liban avait débuté depuis quatre ans (et dura trois ans de plus). Juif, sortant d'une école juive, je débarquai en plein Belleville. Une nouvelle matière venait de s'ajouter à mon cursus scolaire : la politique.

Je me liai avec mes jeunes camarades de classe, musulmans et d'extrême gauche. De prime abord, je faisais un peu « tache » dans cet univers : je fis ma rentrée au moment où le numéro deux de l'OLP[1], Abou Jihad, venait d'être assassiné par un commando israélien à Tunis. Le lendemain, certains de mes nouveaux amis, en deuil, arboraient en brassard sa photo barrée de noir. Ils se nommaient Selim Boukhecheba, Florent Lhériteau, Nabil Kerouaz, Gilles Donnard, Samira Gazzaz, Leïla Ouchehl, Mourad Ilekhti, Cyril Bensimon, Valérie Benichou ou Gil Rémy. Chacun avait ses propres convictions, certains portaient le keffieh palestinien blanc et noir autour du cou. Nous n'étions pas tous d'accord, mais nous étions ouverts au débat. J'étais plongé dans cette France qui l'on ne disait pas encore « black, blanc, beur », mais celle des « potes » auxquels on ne « touche pas ». À l'époque, nul n'aurait eu l'idée d'agresser ou d'insulter quelqu'un en raison d'un désaccord, même s'il portait sur le conflit israélo-palestinien. Aux yeux de mes amis, j'étais un « feuj », mais avant tout l'un des leurs. Le verlan a cette vertu de remettre les valeurs de coexistence à l'endroit, telle une novlangue qui permet de façonner une nouvelle identité que l'on s'approprie. Le racisme antiarabe était à son apogée, mais juifs et musulmans se montraient solidaires dans le combat contre l'extrême droite. « Changer la vie » : face B. Le slogan du président élu révélait sa part d'ombre. Pour de nombreux immigrés, la vie se révélait un enfer, quand elle ne s'achevait pas dans le sang.

1. L'Organisation de libération de la Palestine.

Les premières secousses du séisme provoqué par le mouvement «Touche pas à mon pote» se faisaient sentir, mais nous n'étions pas encore conscients de ce qui s'annonçait. La grande Marche des Beurs s'élança bientôt pour créer une génération attachée à la France du métissage, mais aussi – et surtout – à la République laïque garante de l'égalité des chances. À cette époque, nous étions convaincus que c'était possible. Certes, la fameuse importation des conflits moyen-orientaux dans le débat français pesait, mais l'idéal républicain ne semblait pas menacé. Personne ne niait le droit à l'existence d'Israël. D'aucuns évoquaient le droit international, les résolutions des Nations unies, mais je n'ai jamais été victime d'attaques antisémites ou considéré comme un représentant de la politique israélienne. C'est dans ce creuset que j'ai acquis la conviction que l'inimitié ou la haine entre juifs et musulmans n'est pas une fatalité. Cette conviction ne me quittera jamais, c'est pour elle que je me bats, pour elle que j'écris ces lignes en soutien de l'action politique à entreprendre.

Ces années difficiles, durant lesquelles la vie m'a forgé, influencent depuis cette époque chacun de mes choix dans tous les domaines. Si je suis devenu «un businessman qui n'aime pas l'oseille», cela vient de là. Gagner de l'argent ne suffit pas, encore faut-il savoir partager avec ceux qui y ont contribué et avec ceux qui ressemblent à celui que j'étais plus jeune. L'argent est un bon serviteur mais un mauvais maître, tel est ma devise. Raison pour laquelle l'engagement au service de l'intérêt général est mon guide. C'est en mémoire de ces années avec les «potes» que je consacre du temps pour aller à la rencontre de lycéens des «quartiers sensibles» – une terminologie malheureuse car ce ne sont pas les quartiers qui sont « sensibles », mais plutôt leurs habitants. Je veux leur offrir une vision différente de celle qui leur est généralement présentée par des enseignants souvent lassés, harassés et blasés. La société française renvoie à ces jeunes une image catastrophique d'eux-mêmes, car déterministe. Je parcours donc les territoires pour partager mon expérience afin de les convaincre que la plupart des barrières sont mentales. Je me suis fixé pour but de faire sauter ce conditionnement. L'enthousiasme que je perçois à chaque fois m'encourage à poursuivre. Parce que j'ai eu la chance de rencontrer des professeurs vibrant pour leur mission. Parce que je sais que la France permet aux individus de concrétiser leurs aspirations, à rebours des discours déclinistes.

Très vite, j'ai néanmoins acquis une conviction : il n'est pas de société apaisée sans une économie florissante. Mon engagement en faveur de la jeunesse passe donc aussi – et nécessairement – par un combat en faveur de l'emploi. Parce que je crois en l'État de droit et qu'il est essentiel de mettre tout en œuvre pour réguler les conflits au travail, je me suis engagé comme juge aux prud'hommes. Parce que je crois qu'un pays ne peut se bâtir sans une colonne vertébrale philosophique fondée sur la liberté, l'égalité et la fraternité, j'ai rejoint la franc-maçonnerie au tout début du millénaire. La veille de mes trente ans, j'ai ainsi pu concilier ma quête de spiritualité et mon besoin d'universalisme. Ces engagements sont autant d'hommages à mes parents. À ma mère qui, malgré les vicissitudes, a constamment porté sur moi un regard aimant et lucide. Comme tout individu porteur d'une puissante énergie, je pouvais bien ou mal tourner, selon la manière dont celle-ci était canalisée. J'illustre souvent ce sujet par une analogie avec les centrales nucléaires. Fukushima et l'EPR possèdent la même énergie, qui peut apporter la vie mais aussi la mort. Il en est de même avec l'eau, source de vie ou de maladie. Il n'existe pas de bons ou de mauvais jeunes, seulement des jeunes qui évolueront favorablement ou défavorablement selon la manière dont on canalisera leur énergie.

Mon père, lui, a été symboliquement «cloué au sol» par une moto. Son accident l'a longtemps empêché de se déplacer. J'ai décidé de récupérer son énergie entravée pour la sublimer. En étais-je vraiment conscient? À l'âge adulte, j'ai entrepris de voyager à moto pour découvrir le plus grand nombre de lieux et de personnes. Ce fut pour moi une évidence. La moto symbolise la liberté et la rébellion.

En 2013, je me suis acheté une Harley-Davidson et j'ai rejoint un groupe de *bikers*. Nous voyageons dans toute l'Europe: Allemagne, Pologne, France, Italie, Portugal, Espagne. L'univers de la moto est très exigeant et authentique. On se restaure où l'on peut et l'on est soumis aux aléas climatiques. Cela me ramène à la réalité brute, à l'instar des montagnards ou des marins. Ceux qui font de l'alpinisme ou des courses en solitaire savent de quoi je parle. Cette activité m'est indispensable. Maîtriser un engin qui pèse 400 kilos et développe 100 chevaux représente un défi permanent. Cela nécessite un contrôle et une concentration accrus, chaque erreur pouvant se révéler fatale. J'ai toujours aimé maîtriser ce qui est plus fort que moi. Dans le milieu de la moto, la solidarité est fabuleuse: cela me rappelle certaines sociétés spirituelles. Nous sommes ensemble, d'égal à égal. L'ouvrier mécanicien va dépanner un riche entrepreneur peu doué dans ce domaine.

J'adore cette idée de « renivellement » : une égalité sincère, fondée sur la compétence et non sur la naissance. J'ai été ému en voyant défiler des centaines de *bikers* pour accompagner le cercueil de Johnny Hallyday sur les Champs-Élysées. Ce jour-là, la communauté rendait hommage à l'un des siens. Johnny savait se fondre dans la troupe, mettant entre parenthèses sa vie de feu et de lumière. L'univers des *bikers* est marqué par une fraternité avec son rituel annuel : la réunion des Hells Angels, dans le Sud de la France. J'y retrouve le même esprit que du temps de mon service militaire, à cela près qu'il ne s'agit pas de préparer la guerre. Les *bikers* sont mes frères d'a(r)me.

5

Et maintenant, où va-t-on ?

J'aime la notion de don de soi. Elle n'implique aucun calcul ou retour sur investissement, mais nécessite une grande foi en l'Homme, en la vie et en Dieu. J'ai toujours ressenti de la compassion pour les autres. En 1978, l'établissement scolaire que je fréquentais possédait ce que l'on appelait « la classe des étrangers », principalement composée de réfugiés yougoslaves. Ceux-ci étaient très pauvres. J'étais le seul à leur parler et à jouer avec eux. Ce comportement m'a suivi dans toutes les sphères de ma vie. Je n'ai cependant jamais cédé à la pitié ou à la commisération, j'ai toujours fait les choses par amour, amitié ou considération. Depuis mon plus jeune âge, je suis animé par un antidéterminisme. J'ai décidé que mon existence ne se résumerait pas à travailler pour gagner de l'argent, mais qu'une partie de mon action serait réservée à l'action citoyenne et humaine. Je la considère comme mon « impôt » humain. Cela me nourrit. Au fond, je ne suis pas un homme d'affaires, je n'aime pas fondamentalement le business, mais je possède un certain talent dans ce domaine et j'ai voulu donner du sens à ma réussite. Voilà la seule chose qui m'aide à me lever le matin.

La quête de sens est désormais au cœur des préoccupations des individus, jeunes et moins jeunes. Plus personne n'a envie de travailler uniquement pour payer ses factures et attendre la retraite. D'autant que celle-ci ne pourra être que modeste, du fait d'un système par répartition perverti à cause de l'équilibre sociologique de la population. La contestation contre la réforme des retraites, en 2023, fut pour ces raisons plus qu'un conflit social : un mouvement de malaise sociétal fondé sur l'injustice en matière d'espérance de vie. D'après les études, on constate un écart de treize ans de l'espérance de vie entre le haut et le bas de l'échelle sociale. La France des sous-préfectures et des classes moyennes, celle des « invisibles » – du moins aux yeux du pouvoir –, s'est soulevée pour défendre le temps qui lui restait à vivre après une existence de travail. Ce puissant message ne pouvait être entendu par un exécutif engoncé dans ses contraintes politiques, enfermé dans son ingénierie financière et les impératifs imposés par Bruxelles et quelques institutions financières. Il en découla un dialogue de sourds entre le sommet de l'État et les Français. Quel sens donner à sa vie ? J'ai eu cette révélation très tôt, mon échec scolaire en est l'illustration. À moins d'avoir une passion et les moyens de s'y consacrer, on ne sait pas quel sens donner à son existence. À l'école, on engrange chaque jour des connaissances, mais dans quel but ? Pourquoi apprendre les mathématiques si je souhaite devenir plombier ? Quel intérêt d'étudier l'histoire et les sciences humaines, alors que je veux être scientifique ?

À titre personnel, je savais que j'étais littéraire et que je ne serais jamais ingénieur. Je ne comprenais pas pourquoi je devais étudier les maths. J'aurais aimé que quelqu'un m'explique l'intérêt de toutes les matières, y compris celles qui ne me serviraient pas plus tard. J'aurais souhaité que l'on inscrive ce que je faisais dans une véritable perspective. Aujourd'hui, j'interviens dans les collèges et les lycées pour promouvoir la réussite au mérite et donner aux jeunes issus de milieux modestes l'envie d'avancer malgré les difficultés. Dans toutes mes interventions, j'explique l'importance de travailler l'ensemble des matières. En premier lieu les sciences humaines, car la culture générale et la connaissance du monde sont indispensables. J'explique que je leur dois l'essentiel de ma réussite. Lors des déjeuners avec des clients importants ou des entretiens d'embauche, nous évoquons peu le travail en lui-même, mais davantage tout ce qu'il y a autour : la culture générale, l'éloquence, la méthode. Quant aux maths, elles sont à la base de l'algorithmie et de l'intelligence artificielle. Demain, notre vie sera administrée par des algorithmes. Si ceux-ci nous facilitent la vie, ils n'en sont pas moins exempts de biais, principalement liés à la structure mentale ou à la volonté de leurs développeurs. Savoir concevoir, ou tout au moins décrypter un algorithme deviendra essentiel pour ceux qui ne souhaitent pas être totalement déresponsabilisés et en subir les conséquences.

Nous ne deviendrons pas tous historiens, sociologues ou mathématiciens, mais acquérir des bases dans chacune de ces matières est essentiel pour évoluer en tant que citoyen éclairé. Or, en France, les élèves vont le plus souvent à l'école à reculons. Pourquoi ? Parce que personne ne leur dessine une perspective dans laquelle ils pourraient s'inscrire. Nous vivons dans un pays de silos : nous érigeons des barrières étanches entre les domaines. L'école et l'éducation d'un côté, le monde professionnel de l'autre. Telle est l'aberration française : un mur édifié entre l'éducation et l'économie.

La première des urgences est d'abattre cette muraille qui enferme les esprits et condamne nos jeunes. Pourquoi la recherche est-elle si pauvre en France ? Car elle refuse de « s'acoquiner » avec le monde de l'entreprise. Quand j'ai visité la Sorbonne à Abu

Dhabi en 2014, j'ai été frappé par cet état d'esprit. Ce magnifique lieu accueille des élèves de tous les pays alentour. Ceux-ci paient plusieurs dizaines de milliers de dollars par an pour étudier dans cette prestigieuse université française et acceptent d'effectuer une année d'études supplémentaire pour apprendre la langue de Molière. Cela contribue au rayonnement de la France et finance l'institution, puisque des millions d'euros sont reversés à la faculté pour utiliser son nom sous forme de licence. Naïvement, je fis la remarque au directeur que les professeurs devaient se battre pour y enseigner. Contre toute attente, il me répondit qu'il rencontrait au contraire de grandes difficultés pour faire venir des enseignants, car le fait que l'établissement soit payant «portait atteinte» à leurs valeurs.

Pourquoi relier l'éducation et l'économie ? La réponse semble évidente tant ces deux domaines sont au cœur de la société. Sans l'éducation, aucun avenir n'est possible. Une société est composée d'une somme d'individus. Si l'on additionne des individus éduqués, les chances d'obtenir un avenir radieux dans un pays pacifique sont multipliées, contrairement à l'addition d'idiots incultes. Sans une économie florissante, nous ne pouvons pas non plus espérer de coexistence harmonieuse et une solidarité. Nous ne pouvons redistribuer de la richesse que si elle est préalablement générée. Quant au lien entre les deux, il me paraît aussi essentiel qu'évident. Cependant, en France, tout est fait pour empêcher de relier ces deux sujets, avec de graves conséquences sur la bonne marche du pays. Cet ouvrage ne se veut pas un énième livre sur l'entrepreneuriat, l'économie ou l'éducation, mais il est destiné à porter une vision, à déconstruire la mécanique qui nous empêche d'être heureux malgré les multiples atouts de notre pays.

Il me revient une anecdote à ce sujet. Quand j'étais mandataire du Medef, des personnalités issues de différents horizons ont été reçues lors d'une assemblée générale. Parmi elles se trouvait le directeur général des IUFM, organisme en charge de la formation des enseignants. Nous trouvions sa présence justifiée et audacieuse : jusqu'à présent, aucun de ses prédécesseurs n'avait osé participer à un événement organisé par le « patronat », qui semblait être l'antre du diable à leurs yeux. Précision importante : la majorité des entreprises qui adhèrent au Medef sont de petites PME. L'essentiel des quinze minutes de l'intervention du directeur général des IUFM fut consacré à justifier sa présence. En conclusion, il souligna que sa venue n'était pas un blanc-seing donné au patronat (!). Une telle frilosité démontre bien la rupture entre les deux mondes. À croire qu'il redoutait une caméra cachée des syndicats enseignants, ou que des propos rapportés soient jugés trop complaisants par ses pairs et nuisent à sa réputation. C'était affligeant.

Autre exemple, en 2012. À l'époque où je travaillais chez Capgemini, j'œuvrais pour l'association Nos quartiers ont des talents. Dans ce cadre, je fus invité au lycée professionnel Jules-Siegfried, dans le Xe arrondissement de Paris, qui accueillait des élèves en bac pro et en BTS. Lors de mon intervention, j'expliquai ce qu'étaient les fonctions commerciales, trop méconnues des jeunes : ils pensaient qu'elles se résumaient à vendre des tapis ou des aspirateurs en porte-à-porte. Or, ces fonctions offrent des perspectives très intéressantes. Je souhaitais les valoriser et démontrer leur diversité. En arrivant en costume dans la salle des professeurs, je me suis senti étranger dans mon propre pays pour la première fois de ma vie. J'ai senti du dédain, de l'arrogance et de la méfiance de la part des enseignants qui étaient regroupés au fond de la pièce. Parmi eux, une femme âgée d'une cinquantaine d'années s'approcha pour me demander ce que je faisais là. Je lui fis savoir qui j'étais et que je devais intervenir dans le cours d'un de ses collègues. Elle répliqua aussitôt: «Capgemini est une entreprise d'informatique, cette activité qui détruit tant d'emplois!» Cette enseignante, censée armer des jeunes pour leur vie professionnelle, venait d'affirmer que l'informatique était une activité destructrice. J'étais estomaqué. Je lui expliquai qu'il s'agissait d'une mutation de l'emploi: des postes de travail étaient détruits et d'autres créés. Je lui précisai que ce phénomène existait depuis toujours, lui rappelant même avec humour que l'invention de la roue avait laissé sur le carreau ceux qui transportaient des charges sur leurs épaules. Pour clore le débat, je lui signifiai que tel était le sens de l'Histoire. Elle m'acheva en répondant le poing levé: «Monsieur, dans l'Histoire il y a parfois des révolutions!»

Le succès que rencontra mon intervention auprès des jeunes considérés comme difficiles fut inversement proportionnel à la réaction de cette professeure. Ces élèves, qui se précipitaient habituellement à la cantine à midi pile, restèrent un temps avec moi à la fin du cours pour poursuivre l'échange. Au point que le directeur et les cantinières vinrent vérifier ce qui se passait. Ce jour de printemps 2012, je compris pleinement à quel point le sort que l'Éducation nationale réservait à la jeunesse était injuste. Je ressentis presque dans ma chair le gâchis que représente cette idéologie égalitariste.

La gauche a beau condamner «l'école à deux vitesses», ce n'en est pas moins elle qui l'a créée. En nivelant par le bas, par crainte de voir dépasser une tête, on a fait fuir vers le privé ceux qui souhaitent continuer à bénéficier d'un enseignement de haut niveau. Ne sont restés au sein de l'école publique que les otages de ce système qui n'ont pas les moyens de faire autrement, assignés à résidence et isolés. Privés d'une précieuse mixité sociale, ils sont victimes d'une double peine. Impossible de ne pas penser à cette merveilleuse phrase de Bossuet: «Dieu se rit des hommes qui déplorent les effets dont ils chérissent les causes.» Tout est dit.

Ce jour-là, au lycée Jules-Siegfried, j'ai pu constater le malheur que produit la faiblesse de la culture économique. On m'a souvent dit que l'école n'est pas faite pour produire des travailleurs. Je corrige en précisant: pas *seulement* pour produire des travailleurs. Évoquons l'apprentissage. Celui-ci commence à quatorze ans en Allemagne, seize ans en France. Pourquoi ne pas prendre exemple sur nos voisins d'outre-Rhin? Cela éviterait de faire perdre deux ans à ces jeunes qui désirent s'orienter vers des voies professionnelles. Ces deux années de «garderie» dans un système scolaire classique représentent une dangereuse zone de décrochage. Il suffit de quelques mois pour les détruire moralement et leur enlever le peu d'estime de soi qu'ils parviennent à acquérir à cette période de leur vie. Pourquoi? Parce qu'ils ne perçoivent aucun sens à ce qu'ils font. Il existe aujourd'hui des voies qui leur permettent de raccrocher les wagons plus tard, une fois acquise la maturité nécessaire. L'un de mes partenaires professionnels, qui travaille dans les diagnostics énergétiques, m'expliquait récemment qu'on ne trouve plus de techniciens car tous les jeunes poursuivent leur cursus au-delà du BTS ou du DUT pour devenir ingénieurs. Le règne de la voie royale est dépassé, il existe de multiples possibilités de bifurquer à plusieurs reprises pour rejoindre *in fine* une filière supérieure, même après avoir été orienté en pro très jeune. C'est heureux.

Afin de démontrer cette mauvaise perception de l'apprentissage, une comparaison s'impose : le système français entreprend de gaver les jeunes de connaissances générales et théoriques, ce qui n'est absolument pas le cas dans les pays anglo-saxons. Analysons la sémantique, qui est souvent révélatrice. Comment appelle-t-on l'arbre de la connaissance en anglais ? Une traduction littérale inciterait à répondre «*the knowledge tree*». Or, cela se dit «*the learning tree*», soit l'arbre de l'apprentissage. Une formulation privilégie la connaissance, l'autre un processus, une action, un mouvement : l'apprentissage. Cela change tout. En France, on glorifie l'absorption des connaissances, tandis que les pays anglo-saxons mettent l'accent sur la capacité d'apprendre, récompensent l'intelligence pratique. Aux États-Unis ou en Grande-Bretagne, le directeur commercial de McDonald's peut aisément devenir directeur commercial d'une société de trading ou d'une entreprise industrielle. En France, il est quasi impossible de sortir de sa spécialité. Comment peut-on être à ce point dans l'erreur ? Il est urgent de séparer connaissance et capacité d'analyse.

Mon propre parcours a forgé ces convictions. En 1989, j'ai décroché le bac économique et social – mes deux futures thématiques de prédilection – avec tout juste la moyenne, 10,4/20. Je crois que je n'ai jamais vu ma mère aussi heureuse. J'ai obtenu ma plus mauvaise note en maths, mais j'ai réussi les épreuves en économie, en histoire et dans les sciences humaines de manière générale. L'aventure – le mot n'est pas exagéré – universitaire pouvait alors commencer.

Je me suis inscrit en droit à l'université Panthéon-Sorbonne. Le droit et la politique m'ont toujours passionné. Je pensais que le métier d'avocat pourrait m'intéresser et les études étaient gratuites. Je cumulais les « handicaps » : j'étais un peu glandeur et mes moyens financiers étaient limités. J'ai passé quatre ans en fac de droit, deux en première année et deux en seconde. Je n'ai pas obtenu de résultats extraordinaires, mais je me suis accroché. Les loisirs étant essentiels dans l'existence, je ne manquais pas d'en profiter. Je suis animé d'une soif de vivre un peu déraisonnable. Je flambais un peu et je m'amusais beaucoup. J'ai même utilisé un prêt étudiant pour acquérir une voiture. En fin de deuxième année, ma mère, qui n'était pas à un sacrifice près, m'acheta un nouveau véhicule, après que le premier eut été endommagé, tant elle était ravie que je persévère dans mes études. Une Mini Austin bordeaux au style incroyable ! Comme j'aime les belles choses, je me suis toujours débrouillé pour me faire plaisir. Je profitais de la vie, le jour comme la nuit. C'était l'époque du batifolage, entre l'île Saint-Louis et la bibliothèque Sainte-Geneviève. Une véritable *dolce vita*, sans aucun doute mes plus belles années. J'étais déjà amoureux de Paris. Une cité cosmopolite, la vraie Ville Lumière. Je me souviens des festivités de 1989 pour le bicentenaire de la Révolution française. Il y avait du bleu-blanc-rouge partout. Un vrai bonheur pour le patriote que je suis.

La décennie qui s'achevait avait été celle de la réussite insolente et de tous les excès. Ce furent les années Mitterrand-Tapie, celles des radios libres et en même temps du sida, qui préfiguraient la période anxiogène qui perdure. Je me sentais privilégié : j'habitais une ville grande mais humaine, riche d'une diversité historique. Je passais mon temps à me promener sur les quais de Seine, la butte Montmartre. Je me sentais comme dans un musée à ciel ouvert. Mes pensées étaient déjà tournées vers mon avenir, avec plus d'ambition que d'angoisse. J'avais au fond de moi la conviction qu'une vie hors du commun m'attendait. J'habitais toujours dans le XIe arrondissement avec ma famille. J'avais une incroyable bande d'amis : mes copains du lycée Voltaire, très engagés à gauche, mes nouveaux complices de la fac qui criaient « Haccoun président ! » dès que j'arrivais en amphi, mes compagnons de l'école Yabné. Un melting-pot de bons vivants souvent insouciants. Le large spectre de mes fréquentations a façonné celui que je suis devenu : un homme qui chérit la diversité et la profondeur des êtres, un citoyen qui possède la capacité de faire cohabiter des individus dans l'harmonie, malgré leurs différences.

Comment un étudiant issu d'une famille modeste peut-il s'en sortir pour assurer ses dépenses ? Le Crous me fournit du travail : de la prospection téléphonique en assurances. J'avais aussi un emploi au service des inscriptions de la faculté de Jussieu. À cette époque, je consacrais mes journées à mon job étudiant et quelques soirs par semaine à mon travail au siège de la Bred. Au Diner's Club, j'effectuais de la saisie, mais j'assurais aussi l'animation d'anniversaires et d'autres festivités. La fonction qui me marqua le plus fut sans aucun doute mon poste de surveillant dans un lycée professionnel de Charenton. Une expérience humaine incroyablement enrichissante. C'est grâce à ce boulot que j'ai acquis la certitude que l'essentiel des barrières est mental. J'ai compris au cours de cette période que je possédais une véritable aptitude dès lors qu'on m'accordait de la confiance. Une confiance que l'on devrait justement accorder aux jeunes pour les aider à se construire, au lieu de les infantiliser à coups de dispositifs sociaux.

Dans chacun de mes emplois, je me suis illustré car j'apprenais vite. J'ai compris que mes aptitudes au travail étaient inversement proportionnelles à mon appétence pour les études. J'allais tout de même décrocher 18/20 en droit constitutionnel, 19/20 en histoire des idées politiques, mais seulement 1/20 en droit civil. Or, il s'agissait d'une note éliminatoire. J'ai un vrai problème avec la contrainte et les exercices imposés, à moins d'être transcendé par une motivation. Plus j'avançais dans les études, plus je me rendais compte que le métier d'avocat n'était pas fait pour moi. À l'époque, il n'était possible de découvrir le métier auquel on se destinait qu'en fin de cursus car il n'existait pas de stages. Je suis un créatif, un fédérateur, un chef d'orchestre, pas un homme de dossiers. Ayant abandonné l'idée de devenir avocat, je n'avais plus aucun intérêt à poursuivre ce cursus. Celui-ci me fut néanmoins utile toute ma vie, grâce aux solides bases de droit qu'il m'a permis d'acquérir. Je n'ai d'ailleurs jamais totalement quitté cet univers dans mon métier, en grande partie axé sur des éléments contractuels, et dans mon engagement citoyen aux prud'hommes.

Je retire de mes expériences passées des enseignements dans la relation à la jeunesse. Cette jeunesse, que l'on est en passe de perdre si l'on ne réagit pas, a toujours été l'un des problèmes majeurs de nos gouvernements successifs. Le «péril jeune» fait trembler le vieux monde car nous ne savons pas comment nous adresser à cette vitalité qui ne demande qu'à embrasser la vie. Il suffit de lire les sempiternels articles de presse sur «l'inquiétude du gouvernement qui surveille de près les mobilisations des jeunes» dès qu'un conflit social éclate. Assorti de l'analogie du «dentifrice sorti du tube»: une fois que les jeunes sont sortis des lycées et des facultés pour manifester, il devient difficile de les faire retourner en cours. Les concernés apprécieront la comparaison… Comment s'étonner ensuite de leur défiance à l'égard de pouvoirs politiques qui restent sourds à leurs demandes ? Les limites du « plus jamais ça » ont été franchies depuis longtemps. La comédie des pouvoirs a mal vieilli. Que n'a-t-on entendu à l'issue des émeutes urbaines de Clichy en 2005 ? Combien d'émissions de télévision, d'éditions spéciales et de matinales de radio ont vu défiler des responsables politiques, mine contrite et main sur le cœur, promettant que les actions publiques en faveur des quartiers populaires seraient leur priorité ? Pour quel résultat ? Toujours plus d'amertume, de déception et de colère. En 2012, le candidat François Hollande promettait de « réenchanter le rêve français ». Résultat : un cauchemar français.

En 2014, les pouvoirs publics affolés admettaient de nombreux départs de jeunes Français vers le « Chams », le paradis mortifère de Daesh en Syrie. Il est nécessaire de rappeler cette vérité, même si elle est difficile à admettre : nombre d'« émirs » de Daesh, à l'origine des attentats barbares qui ont frappé la communauté nationale, étaient des Français. Ils étaient issus de l'école de la République, qui les a nourris avant de les perdre. J'ai longtemps été stupéfait de constater à quel point la gangrène djihadiste a pu contaminer les milieux populaires et les classes moyennes populaires dans des villes comme Lunel (Hérault) ou Trappes (Yvelines). Les enquêtes journalistiques sur ces foyers du djihad regorgent d'enseignements sur l'échec éducatif français[1].

1. Jean-Michel Décugis, Marc Leplongeon, *Le Chaudron français*, Grasset, 2017. Raphaëlle Bacqué, Ariane Chemin, *La Communauté*, Albin Michel, 2018.

Qui se souvient de ce slogan choc de la Marche des Beurs en 1983 ? Un film réalisé par Nabil Ben Yadir, *La Marche*, a reconstitué cet épisode clé pour la compréhension de la société contemporaine. Dans une France en proie à l'intolérance et aux violences raciales, trois adolescents et le curé des Minguettes, une cité de la banlieue lyonnaise, avaient lancé une grande marche pacifique pour l'égalité et contre le racisme entre Marseille et Paris. Malgré les difficultés, ce mouvement leva un vent d'espoir, qui rappelle les actions pour les droits civiques de Martin Luther King aux États-Unis. À l'origine du « mouvement des potes », la Marche des Beurs montra à la France son nouveau visage. Des acteurs talentueux – Olivier Gourmet, Lubna Azabal, Hafsia Herzi, Charlotte Le Bon, Philippe Nahon, Jamel Debbouze – portent ce film émouvant. La séquence finale, mettant en scène l'arrivée de cent mille personnes à Paris, donne la mesure de l'événement politique.

Au départ de la cité marseillaise, ils n'étaient que cinq personnes brandissant une banderole face à l'indifférence des autorités. Des semaines plus tard, François Mitterrand se tenait chaque jour informé de leur avancée. Le chef de l'État dépêcha l'une de ses proches, Georgina Dufoix, pour leur délivrer un message présidentiel. Le scénario reprit le slogan de la Marche qui fit florès : « La France, c'est comme une mobylette : pour qu'elle avance il faut du mélange. » En 1984, le mouvement Convergences organisa une nouvelle manifestation des « Beurs » : des milliers de personnes rejoignirent la capitale à mobylette, le mode de transport privilégié des jeunes et des ouvriers, souvent des immigrés. Le film *La Marche*, sorti en 2013, fut un événement… par son échec commercial. En boudant ce long-métrage, la grande majorité du public français signifiait sa défiance en se détournant de cette réalité.

Notre objectif doit être d'arrimer de nouveau les jeunes à un projet collectif, sur le plan personnel comme professionnel. Pour y parvenir, il est nécessaire de prendre des mesures de bon sens, comme renforcer le lien entre l'école et l'entreprise. Cela nécessite de rattacher l'enseignement professionnel au ministère du Travail en le sortant – je dirais en le libérant – de la houlette de l'Éducation nationale. Tel serait l'acte fondateur de la refonte intégrale de notre système éducatif. L'éducation, tout comme le numérique ou l'environnement, représente des thématiques trop transversales pour obéir à des logiques de silos ministériels. Afin de remettre de l'énergie dans le moteur, la priorité doit être de donner de la liberté aux acteurs. L'apprentissage doit également être articulé sur les besoins de notre économie en s'affranchissant d'une vision arithmétique et égalitariste. Le but premier de l'école doit être d'instaurer la confiance en l'avenir au sein d'une communauté de destins et de citoyens. Pour transformer ce pays et le faire enfin entrer dans le XXIe siècle. Les classements Pisa successifs le démontrent : nous avons chuté dans tous les domaines. Nous continuons pourtant à nous regarder le nombril et à tergiverser.

Commençons par partager une vision. Car sans vision de ce que sera la France de demain, comment envisager un enseignement qui répondrait aux aspirations des générations futures ? Un président de la République ne doit pas être un gestionnaire mais un visionnaire, un stratège qui fera exécuter ses décisions par l'administration. À chaque campagne présidentielle, on se perd dans des détails techniques et on égratigne les candidats sur des détails plutôt que de les interroger sur leur vision. Dans le domaine de l'enseignement, les dirigeants doivent anticiper l'avenir : dans quelles industries investir ? Comment évoluera l'économie des services ? De quelles ressources aurons-nous besoin ? La France est un pays merveilleux, son système social et universitaire repose sur la solidarité nationale. Il est possible d'étudier à la Sorbonne pour 170 euros de frais d'inscriptions par an. Pourquoi continue-t-on de tout galvauder, de se flageller et de saboter ce qui fait l'honneur de ce pays ? De quelle folie sont donc saisis nos dirigeants pour n'oser demander aucun devoir en face de tous ces droits ?

Aux États-Unis, les inégalités se creusent dès l'école primaire puisqu'il faut payer cher pour échapper à la médiocrité de l'enseignement public. Pour qu'un système fondé sur la ressource collective fonctionne, il est nécessaire qu'il soit assorti d'une forte exigence de discipline et d'excellence. Un pays qui offre une extraordinaire chance d'accéder gratuitement à un enseignement de qualité est en droit de demander que les bénéficiaires de ce système le respectent, s'en montrent dignes et fournissent les efforts nécessaires pour que cet investissement soit un jour rentabilisé.

De quel esprit dérangé a pu émerger l'idée que l'enseignement public gratuit ne devait pas être assorti d'obligations ou de quotas ? Prenons l'exemple de la formation aux activités sportives, les Staps. De nombreux jeunes s'y inscrivent, alors que les débouchés sont limités. En l'acceptant, on entérine l'idée que la collectivité paie pour produire des chômeurs. En face d'un enseignement gratuit, il faut accepter l'idée de quotas au-delà desquels le cursus reste accessible, mais devient payant. Ce serait une véritable révolution culturelle. Celle-ci semble difficilement concevable pour les esprits conformistes, mais n'en demeure pas moins absolument nécessaire car elle induit un modèle de société dans lequel on exige un retour sur investissement pour les dépenses publiques.

On manque de tout en France : de médecins, d'enseignants, d'artisans. Il est tout de même incroyable qu'un outil éducatif et universitaire comme le nôtre produise des résultats si médiocres. Il doit pourtant être aisé de calculer le nombre d'informaticiens, de développeurs ou d'ingénieurs pour les former. Mais on veut pouvoir profiter de la collectivité sans contrepartie. La France est le seul pays au monde qui cumule médecine libérale et sécurité sociale. Les autres optent pour l'une ou l'autre. En France, nous disposons d'une organisation publique qui prend en charge les frais de santé, mais avec l'intervention de prestataires privés. Ce mélange entre services collectifs et intérêts privés engendre des abus. Le résultat est affligeant : nous nous retrouvons avec des déserts médicaux et des médecins insuffisamment rémunérés. Si je suis des études pendant dix ans à la charge de la collectivité, cette dernière doit pouvoir me demander par la suite d'aller travailler dans un désert médical.

Dans l'enseignement, la logique est inversée : on envoie au casse-pipe dans des territoires difficiles de jeunes professeurs inexpérimentés. Il ne serait pourtant guère choquant de payer davantage des enseignants très expérimentés pour qu'ils effectuent leur mission de service public dans ces mêmes territoires. Les jeunes profs que l'on envoie au feu dans certaines banlieues ne sont pas, pour la plupart, de mauvais enseignants. Ils sont seulement placés en situation d'échec du fait des affectations. L'éducation doit s'ouvrir à de nouvelles méthodes de recrutement. L'urgence est telle que nous n'avons plus le choix. Le débat qui a eu lieu lors de la rentrée scolaire 2022 au sujet du recrutement des enseignants hors du cadre classique illustre le malaise actuel. J'ai trouvé pour ma part cette idée intéressante. Je pense même qu'il faudrait la généraliser en recrutant des professeurs dans d'autres domaines que celui du corps enseignant, avec une formation plus courte.

Les secteurs vitaux de notre pays sont affaiblis : nous manquons de professeurs, d'infirmiers, d'enseignants, de policiers. L'État et les entreprises privées des secteurs qui y sont liés paient mal et ne font pas rêver les jeunes. Paradoxalement, les voies pour suivre des cursus intéressants ont été multipliées. C'est l'une des réussites du système d'enseignement français, il faut aussi le souligner. Je constate avec joie que l'on est revenu de l'obsession de la voie royale que constituaient les prépas d'écoles de commerce ou d'ingénieurs. Favoriser les « bêtes à concours » qui ne devenaient pas toujours les meilleurs praticiens se révélait très frustrant. Il est bien plus heureux que l'étau se soit desserré et que l'on puisse désormais choisir un parcours à la carte en fonction de ses contraintes ou de ses aspirations. Mais c'est insuffisant et le mal est fait : un sentiment de frustration diffus s'est répandu.

Tout indique que les Français ont perdu leurs illusions. Ce sentiment, que la sociologue Dominique Schnapper a qualifié de « haine démocratique », résulte du désarroi d'une jeunesse bachelière à 80 %, selon le slogan irréfléchi de Jack Lang à l'époque des années Mitterrand. Un tel objectif a leurré des générations entières qui se sont engouffrées dans des filières sans débouchés avant de se heurter à la réalité. Tout le monde ne pourra pas travailler dans les services ou la communication. Le décrochage prend sa source dans cette désillusion. La défiance envers les dirigeants, confinés dans l'entre-soi d'une société médiatique de « sachants » et de connivents, a produit un ressentiment qui ne demandait qu'à éclater. C'est alors qu'Emmanuel Macron est entré en scène.

Bien qu'issu de la méritocratie nationale, Macron possède l'aplomb de l'aristocratie énarchique. Son parcours hors norme est celui d'un hobereau provincial monté à Paris. Une fois au sommet de l'État, cela ne l'empêche pas de pointer maladroitement du doigt les « illettrés », « ceux qui ne sont rien » et ceux qui devraient « traverser la rue » pour trouver du boulot au lieu de « foutre le bordel ». Résultat : il a engendré la révolte des Gilets jaunes et ses pulsions de guillotine politique. Le ressentiment que suscite Emmanuel Macron est sans commune mesure avec les niveaux de détestation atteints par ses prédécesseurs. C'est ce qui aura marqué la décennie Macron. Bousculés par de multiples mutations, les Français lui tiennent rigueur de ne pas les accompagner avec bienveillance. Le manque d'empathie restera sa marque de fabrique. Pour réparer une telle faute, les discours et les diagnostics, aussi brillants soient-ils, ne suffiront pas. Les Français attendent des actes, pris avec responsabilité et clairement expliqués.

La méthode que j'aurais mise en œuvre si j'avais été à la place de nos gouvernants est simple. J'aurais défini avec mon gouvernement une vision de ce que doit être la France dans les années à venir en fonction d'études précises, de rapports d'experts, ainsi que de consultations des corps intermédiaires, des instances représentatives des entreprises, des salariés et de tous ceux qui permettent à notre pays de fonctionner. J'aurais ensuite partagé cette vision, puis j'aurais instauré une feuille de route avec ceux qui auraient été en charge de la mettre en œuvre. Ce plan d'exécution aurait bien entendu compris un plan éducatif pour définir la voie vers laquelle nous orientons notre enseignement secondaire et supérieur. J'aurais en parallèle défini des secteurs spécifiques dans lesquels favoriser l'investissement par des incitations de tout ordre. Comme on ne peut être partout, mon plan aurait consisté à prioriser les domaines d'excellence dans l'industrie, les biotechs, les services IT, les télécoms, l'agriculture ou la Défense. Au sein de ce cadre, j'aurais octroyé une totale liberté aux acteurs pour s'autoréguler et innover.

Au lieu d'appliquer une telle méthode, nous avons laissé ce pays filer sans cadre, sans direction, comme ces poulets qui continuent de courir alors qu'ils n'ont plus de tête. Pour tenter de limiter les effets de cette anarchie, l'État se mêle de détails et intervient sans stratégie pour tenter de réguler ce qui peut l'être. Les pouvoirs publics encouragent des niches fiscales et d'autres dispositifs ponctuels coûteux, démagogues et peu efficients. L'économie française s'est désindustrialisée depuis des décennies au profit des services et de l'économie tertiaire, contrairement à l'Allemagne. Apprendre un métier manuel continue d'être mal perçu en France. La formation professionnelle est encore considérée comme une voie de garage. Or, c'est la clé. Il faut en urgence revaloriser les « filières pro ». Elles sauvent des vies, redonnent des dignités. Que fera-t-on quand on ne produira plus rien ?

Dans un ouvrage majeur, *La France sous nos yeux*[1], le politologue Jérôme Fourquet met en lumière un tournant historique. Le jour où la France, pays industriel, a

1. Seuil, 2021.

basculé vers une société centrée sur la consommation de loisirs est survenu en mai 1992, avec l'inauguration du parc Eurodisney à Marne-la-Vallée. Quelques semaines plus tôt, l'usine Renault de Boulogne-Billancourt avait produit sa dernière voiture avant de fermer. En l'espace de quelques semaines, un chapitre de l'histoire économique du pays s'était refermé. Le site emblématique de notre secteur automobile disparaissait, tandis que le parc d'attractions émergeait. Ce fut l'aube de la civilisation du temps libre, que la loi sur les 35 heures allait ancrer six ans plus tard avec le gouvernement Jospin. La France est obsédée par le tertiaire et les loisirs. Mais pour en profiter, il est nécessaire de créer un minimum de richesses. Pendant ce temps, l'extrême gauche continue de se référer à l'époque de Zola. Or il n'existe plus de mines ni d'industries semblables à celles du XIXe siècle. Encore récemment, la députée LFI Clémentine Autain vilipendait les patrons « qui exploitent les salariés » dans une rhétorique enflammée tout droit sortie de *Germinal*. Ce n'est là que le premier mensonge, la première manipulation, la grande trahison de la gauche française.

6

Staline en a rêvé, la France l'a fait

Quel projet industriel pourrait insuffler le renouveau français ? Quelles sont les perspectives pour le secteur du numérique ? Quelle vision se dessine pour les jeunes ? Comment encourager l'ensemble des individus à travailler ensemble pour un même dessein ? À quels modèles devons-nous nous identifier ? Comment restaurer la nation tout entière pour moderniser le pays sans le dénaturer ? Quelles sont les prospectives à long terme ? Quel sens donner au projet France ? Comment lui permettre de retrouver sa place sur l'échiquier mondial ? Toutes ces questions n'en sont en réalité qu'une seule : pourquoi n'est-on pas capable de repartir d'une page blanche pour tout rebâtir comme en 1958 ? Depuis cinquante ans, le monde s'est transformé en profondeur, mais notre modèle de gouvernance est resté le même. Il est temps que cela change : réécrivons une nouvelle page de l'histoire de ce pays. Dans cette optique, nous ne pouvons faire l'économie d'un bilan, celui de la gauche française.

Autant l'affirmer d'emblée : la gauche a trahi le peuple. Et c'est une personne issue d'un milieu modeste et engagée en faveur du brassage social qui l'affirme. À chaque fois que j'exprime le fond de ma pensée sociale ou ma vision du partage des richesses, le premier réflexe de mes interlocuteurs est de me dire : « Mais en fait, tu es de gauche.» Cette réaction est due à une distorsion de vision. Un immense malentendu sur la définition de ce que sont la gauche et la droite. Dans les années 1980, deux éléments primordiaux étaient au cœur des préoccupations des Français : la liberté et la sécurité. Une authentique sensation de liberté régnait à l'époque dans notre pays : la liberté de circuler, de s'aimer, de vivre. J'ai le sentiment que nous étions alors maîtres de notre destin et que nous parvenions plus facilement à nous projeter dans l'avenir. Pour qui que ce soit, et quels que soient son niveau scolaire et ses origines, les lendemains semblaient prometteurs. Cette semi-insouciance était en partie due au climat de sécurité ambiant. Le plus grand risque était alors de croiser une petite frappe qui aurait pu vous dérober quelques effets personnels. Les cas de violences graves restaient rares. Une certaine unité prévalait au sein de la société française. Qui aurait pu imaginer il y a trente ans qu'un professeur ou un prêtre pourraient être décapités, égorgés ou poignardés à mort ? Ou que les cas d'ultraviolence deviendraient presque quotidiens ?

Je ne suis pas de ceux qui encensent en permanence le passé, faisant leur cette jolie citation : «La nostalgie, c'est quand le présent n'est pas à la hauteur du passé.» Les années 1980 n'étaient pas le paradis sur terre, la vie pouvait être difficile (chômage de masse, sida...), mais il subsistait une forme d'espoir. Si une société ne peut – et ne doit pas – être individualiste, il est essentiel que chacun continue de rêver et d'agir en fonction de ses aspirations personnelles. N'en déplaise aux idéologues et aux apprentis sorciers trotskistes, une société reste une somme d'individus ; et une addition d'individus heureux et optimistes a plus de chances de mener à une société épanouie. Il n'en demeure pas moins que le devoir de l'État est de corriger, à la marge, les excès auxquels peut conduire une société qui ne s'appuierait que sur les intérêts individuels.

L'environnement général des années 1980 était simplement moins anxiogène que de nos jours. Le retour à l'ordre moral que nous vivons représente un indicateur, un thermomètre intéressant. Des haines et des inimitiés ont toujours subsisté, mais elles n'étaient pas existentielles comme elles le sont aujourd'hui. Elles étaient marginales, pas centrales. Les désaccords étaient le plus souvent ponctuels. Forts de nos différences, nous possédions un socle commun de valeurs universelles sur lequel nous étions à peu près d'accord. Cela change tout. Comme un arbre et ses branches : un tronc commun que nous avons tous intérêt à préserver et des rameaux qui vont partout. Avec ce sentiment très fort pour chacun d'avoir son destin en main. Faire des efforts pour réussir en valait alors la peine, que ce soit pour devenir plombier ou intégrer l'Ena.

Sur le plan humain, les années 1980 étaient bénies. La réussite était le fruit d'un parcours initiatique qui demandait du temps, de la volonté et de la persévérance. Tout ce qui se construit vite se détruit vite. C'est valable pour l'architecture comme pour un parcours personnel. C'est aussi une symbolique fondamentale de la maçonnerie. Apprendre à rêver avant de réaliser quelque chose permet d'aller plus loin que se contenter de rêver de réussir.

Je construisais pierre par pierre, j'ai toujours considéré qu'un long chemin était nécessaire. Il faut du temps pour apprendre, savoir répéter les gestes. Que ce soit dans le domaine artistique, politique, professionnel, ces parcours constituaient des bases solides pour la société dans son ensemble. Aujourd'hui, une instagrameuse devient célèbre en dix minutes. Un tiktokeur peut avoir 170 millions de followers sans prononcer un mot. À quoi cela rime-t-il? De tels phénomènes créent une illusion de ce qu'est le succès: je peux rapidement et sans effort devenir célèbre et riche… mais la désillusion est au coin de la rue. Avant, on glorifiait l'effort. Aujourd'hui, on vend du gain aussi rapide que périssable. Comment éduquer un enfant dans le goût de l'effort au sein d'une société qui paie à millions et prend en exemple des décérébrés pendant qu'elle maltraite ses instituteurs et ses soignants? Cela relève de l'exploit!

La constitution de la Ve République est le squelette qui permettait de faire vivre notre société. Cohérente à l'époque, elle s'est pervertie au fil du temps, tout en étant instrumentalisée par une élite pour conserver son pouvoir au détriment du peuple. Le mode de scrutin et les découpages électoraux ont été utilisés pour priver des pans entiers de la population de représentation nationale.

Lorsque la Ve République fut instituée en 1958, le cadre institutionnel était en phase avec les besoins de la société. Les partis politiques étaient alors nettement identifiés et il existait des référents qu'étaient notamment les héritiers de la Libération. Ces responsables tenaient à cette société car ils l'avaient bâtie et ne l'avaient pas seulement reçue en héritage. À l'époque, ceux qui dirigeaient ce pays étaient ceux qui l'avaient construit. Ce n'est plus le cas. Ceux qui ont hérité de cette société n'ont pas conscience de la valeur de ce précieux système qui a mis des décennies à se construire. Ils le sabotent, le démantèlent sans scrupule. Ils agissent comme ces héritiers qui dilapident l'entreprise familiale. La jeunesse actuelle, grande sacrifiée, devrait avoir l'opportunité de concevoir un système répondant à ses besoins. Il faudrait faire table rase, repartir de zéro. En entreprise, quand une situation devient critique et hors de contrôle, on dépose le bilan. C'est un acte de gestion qui protège l'entrepreneur, mais aussi tous ceux qui dépendent de l'entreprise. Ensuite, on récupère les actifs et on repart sur une base saine.

Rien ne résume mieux la période actuelle que cette magnifique citation de Romain Gary : « J'appelle "société de provocation" toute société d'abondance et en expansion économique qui se livre à l'exhibitionnisme constant de ses richesses et pousse à la consommation et à la possession par la publicité, les vitrines de luxe, les étalages alléchants, tout en laissant en marge une fraction importante de la population qu'elle provoque à l'assouvissement de ses besoins réels ou artificiellement créés, en même temps qu'elle lui refuse les moyens de satisfaire cet appétit[1]. » Nous y sommes.

Mes parents avaient peu d'argent, mais nous pouvions tout de même partir aux sports d'hiver. Ce serait inenvisageable aujourd'hui. À l'époque, la frénésie de la consommation n'était pas aussi présente, permettant de vivre de façon confortable avec une certaine simplicité. Un couple d'instituteurs pouvait acheter un petit appartement à Paris. Aujourd'hui, c'est impossible. À l'époque, la créativité individuelle détendait l'atmosphère générale. Le chômage était présent, mais sans la pression et l'absence de projection actuelles. Il n'existait pas de peurs irrationnelles ; aujourd'hui, même avec un emploi, les gens craignent de se retrouver à la rue. Les Français avaient confiance en leur employeur,

1. *Chien blanc*, Gallimard, 1970.

les responsables politiques, l'institution religieuse, le système judiciaire, l'école, la « chaîne alimentaire ». Aujourd'hui, c'est le règne de la défiance. Le rapport au travail a été bouleversé. De nouveaux comportements émergent. Maintenant, ce sont les candidats à l'embauche qui testent leur éventuel employeur, dans un contexte de forte demande de main-d'œuvre. La confiance est un élément essentiel dans une société. Dès que la défiance s'impose, l'unité s'effrite et les tensions explosent. Le « No Future » engendre tous les excès et toutes les dérives. Les horizons semblent bouchés. Je dis bien « semblent », car la situation pourrait être différente si nous prenions enfin le contrôle de notre destin. Il suffit de voyager pour constater que dans certaines sociétés, malgré leur moindre richesse, l'espérance reste un puissant moteur.

Du droit à la différence à la différence du droit : ainsi peut-on identifier l'origine de l'impéritie de la gauche. En premier lieu, celle-ci concerne la sécurité des biens et des personnes. Un élément vital pour toute vie en société, qui permet cette précieuse cohésion, terme désormais galvaudé. Non, la sécurité n'est pas un concept fasciste, comme le sous-entend sans cesse la gauche, mais le fondement de notre modèle de société démocratique. En stigmatisant la notion de sécurité, la gauche s'est fourvoyée. Elle le reconnaît partiellement aujourd'hui, mais le mal est fait. La sécurité est au contraire une valeur profondément égalitaire et protectrice des plus faibles, car ceux-ci sont les premières victimes des violences.

Dans les années 1980, les « minorités visibles » rêvaient de se mélanger aux Blancs, les gays d'avoir les mêmes droits que les hétéros. Nous rêvions d'ailleurs tous des mêmes droits pour l'ensemble de la population. Cette volonté existait, mais il ne lui a pas été permis de prendre réellement corps. Si l'on avait intégré dès cette décennie l'idée que la sociologie de la population française se transformait et se métissait, nous aurions maîtrisé le mouvement plutôt que de le subir. Faciliter la construction de mosquées, en profiter pour accompagner une sécularisation de l'islam en France, aurait coupé l'herbe sous le pied des fondamentalistes qui en ont profité pour occuper le vide laissé par la République. Un manque de courage et de perception a laissé le champ libre aux prédicateurs extrémistes dans les « mosquées des caves et des parkings ». Le courage eût été d'affirmer que nos concitoyens musulmans font partie intégrante de la société française. Qu'à ce titre, et au nom de la laïcité, ils ont le droit d'exercer librement et dignement leur culte. Le discours tenu par l'imam de la Grande Mosquée de Paris au sujet de la marche contre l'antisémitisme du 11 novembre 2023 prouve que l'extrémisme a contaminé jusqu'aux instances officielles et censées être républicaines de l'islam de France. Il y a eu un glissement général vers la radicalité.

À cette époque, nous voulions tous apporter quelque chose à la République. Les Arabes avaient en plus une aspiration illusoire, qui a en partie provoqué la situation actuelle : ils voulaient être aimés. Ce qui me fait dire que si les territoires ont bien été décolonisés, les esprits, eux, n'ont pas été « décolonialisés ». Les anciens colons ont eu du mal – contrairement aux Britanniques – à accepter que d'anciens « colonisés » puissent occuper des postes clés en politique, dans les médias ou les entreprises du Cac 40. Les anciens indigènes avaient la volonté d'être aimés. Or, ce qui compte, c'est d'être libre et respecté, non d'être aimé.

Le racisme est consubstantiel à l'être humain, il ne sera jamais éradiqué. Il existe depuis que l'Homme est homme. Le rôle de la société n'est pas d'obliger les individus à s'aimer, mais de canaliser leurs instincts pour que les inimitiés ne soient pas un obstacle au vivre-ensemble et à l'épanouissement individuel. À mes amis arabes qui prétendaient : « Nous ne réussissons pas en France car les Français ne nous aiment pas », je répondais invariablement, ironiquement et de façon un poil provocatrice : « Vous croyez qu'ils aiment les juifs ? Cela ne les empêche pourtant pas de réussir. » Nombre de Français descendants de l'immigration ne comprennent pas que la France les inclut eux aussi, comme nous tous. Dire « les Français ne nous aiment pas » revient à s'exclure à tort de la communauté nationale, à accepter l'idée absurde qu'il existerait une France de souche. Ce concept identitaire n'est qu'une vue de l'esprit, un fantasme d'extrême droite, une vision construite en réaction aux tentatives nihilistes de l'extrême gauche internationaliste. Mais cette peste raciste, symbolisée par les rats envahissant Oran dans le roman d'Albert Camus, ce racisme antiarabe post-guerre d'Algérie encore prégnant a aveuglé les dirigeants de ce pays.

Les difficultés d'intégration ont débuté sur ce malentendu. Les Arabes et musulmans avec lesquels j'ai partagé les bancs du lycée à la fin des années 1980 étaient fondamentalement laïcs et possédaient une réelle volonté de faire nation tout en étant reconnus dans leur différence. Ils ont été trahis par une gauche qui avait décidé de les instrumentaliser opportunément. Avec SOS Racisme et la Marche des Beurs, la gauche s'est saisie de ce combat pour en faire un enjeu politique, avec la victimisation en fer de lance. Je suis convaincu que nous aurions dû faire à l'époque ce que nous faisons aujourd'hui : intégrer les immigrés et leurs enfants dans la vie politique, sociale et culturelle. Au lieu de suivre cette voie, on a renforcé la victimisation sans fournir les outils pour en sortir. L'antiracisme a été instrumentalisé pour en faire une arme qui se retourne aujourd'hui contre nous.

Nous avons fini par convaincre les descendants d'immigrés que la France est raciste et qu'ils en seront à jamais les victimes. Je pense au contraire que la France est sans doute l'un des pays les moins racistes au monde : il n'y existe aucune hiérarchie liée à la race, comme aux États-Unis ou en Russie. La véritable extrême droite se résume à quelques groupuscules très surveillés – bien plus que les islamistes. Qui peut oser dire que le pays de l'aide médicale d'État, qui permet de soigner gratuitement tous les étrangers, y compris ceux qui sont en situation irrégulière, est raciste ? La solidarité nationale s'exerce aussi bien vis-à-vis des étrangers que des nationaux. Dans quel autre pays cela existe-t-il ?

En instrumentalisant l'antiracisme, la gauche a réussi bien au-delà de ses espérances : un pan entier de la société française est composé de personnes issues de l'immigration subsaharienne et maghrébine qui détestent le pays dans lequel elles vivent. Un pays qui a pourtant bien plus à leur offrir que ceux dont elles sont originaires.

Dans mon métier, on engage beaucoup de personnel en provenance du Maghreb. Or la grande majorité des Algériens, Marocains ou Tunisiens que je recrute dans ces pays sont bien plus progressistes que ceux qui ont grandi en France. Ils n'ont pas été enfermés dans des schémas mentaux pernicieux. Cette logique du ressentiment est compréhensible : comment pourrait-on ressentir de l'admiration ou de l'amour pour son bourreau ? En assénant de façon répétitive cette accusation de racisme, on a fini par rendre perméables une partie de nos concitoyens aux thèses des islamistes et des indigénistes. Ce phénomène de radicalisation a prospéré au sein de nos sociétés occidentales, supposées être attractives par rapport aux régimes autoritaires. Tel est le drame provoqué par le tournant raté des années 1980. Des années où un pouvoir socialiste, sûr de son bon droit, a prétendu « changer la vie ». L'enfermement mental a produit l'enfermement dans les quartiers, et vice-versa.

Trente ans après les « années Mitterrand », le jeune candidat Emmanuel Macron a rénové ce diagnostic en pointant « une assignation à résidence ». La formule a fait florès, mais les solutions mises en œuvre se sont révélées des échecs. En France, la qualification de racisme ne s'applique pas en fonction de la nature de l'acte ou de la nature de la victime, mais en fonction de la qualité de celui qui le commet. En d'autres termes : si un Français blanc commet un acte homophobe, raciste ou antisémite, cette qualification est aussitôt reconnue, avec des circonstances aggravantes. S'il s'agit d'un individu issu de l'immigration, c'est le plus souvent considéré comme un acte de droit commun. On a ainsi libéré les haines, notamment antisémites, qui ont pu s'exercer sans aucune résistance de la part de l'État.

Comment expliquer ce double ancrage du ghetto social et mental ? Les Indiens illustrent cela de manière très expressive : l'analogie du cornac et de l'éléphant. Quand les touristes arrivent en Inde, ils se moquent souvent des cornacs qui attachent de gros éléphants avec une simple corde alors qu'aucune chaîne ne pourrait retenir un pachyderme adulte. En réalité, le cornac attache l'animal dès son plus jeune âge avec une simple corde. Celui-ci constate qu'il ne peut pas la rompre. Devenu adulte, il s'est fait à cette idée et reste attaché sans chercher à se libérer. Nous avons fait de même avec les jeunes « des quartiers », à force de les convaincre dès leur plus jeune âge qu'ils sont attachés à cette corde symbolique que sont le racisme et la discrimination. À force d'affirmer qu'en réalité ils n'appartiennent pas à la communauté nationale. À force de les victimiser. À force de culpabiliser le pays. À force d'alimenter la rancœur et le sentiment antinational, nous avons marginalisé ces jeunes dans un cynisme qui consiste à leur reprocher la situation dans laquelle nous (essentiellement la gauche) les avons placés. Si néocolonialisme il y a, c'est dans l'idée que les catégories de la population issues des anciennes colonies devraient être traitées de manière dérogatoire, comme si l'égalité ne les concernait pas.

Qualifier d'exceptionnel quelque chose de naturel et ordinaire est d'un profond cynisme. Jamais, lorsque j'étais élève au lycée Voltaire ou étudiant à la Sorbonne, je ne me suis dit que la tolérance et la fraternité étaient de merveilleuses valeurs. Jamais je ne m'en suis ému car cela relevait de l'évidence. Que nous soyons en accord ou en désaccord, mes camarades et moi ne mettions jamais en avant le facteur religieux, ethnique ou identitaire. Devoir prôner la tolérance à tout bout de champ est en soi une terrible régression. L'école est à la fois un rempart, une digue et un laboratoire. La lâcheté dont ont fait preuve les autorités lors de l'affaire du voile de l'école de Creil, en 1989, était un signe précurseur. Les graines de la situation actuelle avaient été plantées, la République a raté l'occasion de détruire dans l'œuf les velléités de ce qui est devenu un véritable séparatisme. Il n'est pas anodin que ces jeunes filles qui refusaient de retirer le voile en entrant à l'école de la République soient toujours un sujet de débat trente ans plus tard.

Le cœur du problème a subsisté. Un exemple parmi tant d'autres : la décision de la municipalité écologiste de Grenoble – qui n'a duré qu'un temps, grâce à la décision raisonnée du Conseil d'État – d'autoriser le burkini dans les piscines de la ville. L'État ne se montre pas assez ferme et des responsables politiques, maires ou ministres, rognent sur les plus élémentaires des principes républicains. Bien sûr, porter le burkini à la piscine n'a aucun sens, comme le voile dans l'enceinte de l'école de la République ! Non qu'il s'agisse de signes religieux ostentatoires, mais parce qu'ils sont brandis comme les étendards d'un système politique antagoniste au nôtre. Comme souvent, les autorités se sont trompées d'analyse. En attaquant le voile ou le burkini sur le fondement du signe religieux, les pouvoirs publics ont transformé un combat politique en guerre de religion. Or, il n'existe pas de guerre de l'islam contre la France et vice versa. Il existe en revanche un affrontement entre deux idéologies politiques par nature antagonistes, comme nous le verrons.

La gauche a prôné le soutien de l'opprimé, sans accepter que celui-ci puisse devenir à son tour oppresseur. Ce furent d'abord les ouvriers, puis les musulmans et les personnes issues de l'immigration. Le diptyque victimisation/culpabilisation reste ainsi au cœur du logiciel de la gauche. En abandonnant l'ouvrier au profit de la communauté, la gauche a commis une faute grave. En préférant défendre les modèles de discrimination plutôt que l'idéal de justice, la gauche a trahi. En encourageant par démagogie et paresse une relecture de l'Histoire sous forme de réquisitoire indigéniste contre un prétendu racisme d'État, la gauche a creusé le sillon du populisme.

Il suffit pour s'en convaincre d'observer la méthode du parlementarisme d'obstruction et d'interpellation des Insoumis à l'Assemblée nationale, investie par le bruit et la fureur mélenchonistes. La France insoumise assume une conflictualité destinée à saper les institutions et présente l'usage des « bonnes manières » comme un outil d'oppression de la classe dominante. Résultat : Marine Le Pen et ses troupes ont été perçues par les Français comme les meilleurs opposants à la réforme des retraites lors du conflit social de 2023.

Le secrétaire général de la CGT, Philippe Martinez, dont Jean-Luc Mélenchon devrait être l'allié naturel, a fustigé sur les ondes, le 20 février 2023, la stratégie d'obstruction de LFI qui a conduit à un examen bâclé de la réforme par le Parlement. L'Assemblée nationale n'a, de ce fait, pas pu débattre sur l'article 7, qui prévoit un passage de l'âge de la retraite de soixante-deux à soixante-quatre ans – autant dire le cœur de la contestation syndicale. Voilà comment fonctionne l'extrême gauche dogmatique, à l'encontre des intérêts du peuple et des salariés, tout en prétendant cyniquement les défendre. CQFD : la gauche des Insoumis est en réalité le meilleur imprésario du RN. Marine Le Pen devrait envoyer des fleurs chaque jour à Jean-Luc Mélenchon. Ce dernier, qui connaît par cœur son « petit Mitterrand illustré », applique sans état d'âme le même principe que celui qu'actionnait l'ancien président socialiste face à Jean-Marie Le Pen : pour qu'il y ait un Bon Dieu, il faut un diable. Mais les Français ne sont plus dupes.

Affubler, par opportunisme politique, les personnes issues de l'immigration du statut de victimes permanentes est catastrophique. Qui veut embaucher une victime ? Louer un appartement à une victime ? Il est devenu difficile de faire quoi que ce soit sans être qualifié de raciste. Nous sommes redevables de ce plafond de verre, construit de telle manière qu'il est impossible à briser, à la gauche. Laquelle n'a aucun intérêt à se séparer de son fonds de commerce. Cette idéologie perverse a plongé des générations entières dans le désarroi. La misère a été maintenue dans les banlieues durant des décennies.

Prenons quatre villes, historiquement ouvrières, en périphérie de Paris : Saint-Denis, Argenteuil, Levallois-Perret et Issy-les-Moulineaux. Deux sont sous administration communiste, les deux autres sont des municipalités de droite. Quand j'étais jeune, je ne me rendais jamais à Mairie-d'Issy ou Pont-de-Levallois, qui étaient considérés comme des zones dangereuses. Quand on voit ce que ces villes sont devenues en comparaison des deux autres, on constate qu'il y a bien eu une volonté politique de misérabilisme. Cette mécanique, qui consiste à entretenir la misère pour ensuite donner corps au discours de dénonciation de cette misère, est d'une immoralité sans bornes.

Depuis l'effondrement du mur de Berlin et le choix assumé des pays du bloc soviétique d'adopter l'économie de marché, la gauche s'est retrouvée orpheline. Elle a été contrainte de se rabattre sur un nouveau corpus idéologique, décrit par Pascal Bruckner dans *Un coupable presque parfait*[1], reposant sur la race, l'identité et le genre. Cette gauche qui a trahi le monde ouvrier a perdu son vote et n'a pu survivre qu'en remplaçant la lutte des classes par une nouvelle lutte. Elle défend désormais ceux qu'elle considère comme les nouveaux damnés de la terre : les partisans d'un islam rigoriste.

---

1. Grasset, 2020.

La gauche prétend que ces derniers font l'objet d'une terrible cabale en France. À coups de décisions aussi absurdes que provocatrices, les thuriféraires de ce camp politique dit progressiste – un comble – vont, toute honte bue, promouvoir ce que l'être humain a produit de plus archaïque et rétrograde lors de ces dernières décennies. Exit l'universalisme des Lumières, bienvenue au relativisme !

Un nouveau concept est né de ce mouvement : le « wokisme ». Venue des universités américaines, cette religion des « éveillés » embarque tout sur son passage : universités, médias, lycées, entreprises, culture... Au nom de la lutte contre les discriminations, elle professe des vérités nouvelles. Le but de ses adeptes, tel que décrit avec précision par l'universitaire Jean-François Braunstein dans son essai décapant *La Religion woke*[1], est de déconstruire l'héritage culturel et scientifique de l'Occident, accusé d'être de façon systémique sexiste, raciste et colonialiste. C'est dans ce repaire vipérin que la gauche française s'est lovée.

Cette position idéologique des apprentis sorciers de la gauche a fait exploser la société française en provoquant un injuste rejet de l'islam et des musulmans dans leur ensemble, alors que ceux-ci sont en réalité otages d'une instrumentalisation qui les dépasse. Coup de maître de cette gauche : elle a réussi à autogénérer l'objet même de son combat en s'empressant de dénoncer par la suite les réactions islamophobes créées par son inconséquence. Éric Zemmour et Marine Le Pen ne sont pas les responsables de ce rejet, ils en sont les symptômes.

L'universalisme est devenu un gros mot, désormais supplanté par l'identitarisme. La gauche a introduit

1. Grasset, 2022.

le multiculturalisme anglo-saxon via le mouvement SOS Racisme : à chacun ses valeurs, chacun fait ce qu'il veut, l'État n'a pas à juger. Cela partait d'un bon sentiment, mais les dérives n'ont pas tardé. La lutte pour le droit à la différence a débouché sur la revendication d'une différence du droit. De quoi percuter le modèle français. Le constat est sans appel : la gauche a condamné notre modèle républicain. En France, le système d'intégration se fonde sur un socle de valeurs philosophiques que la gauche renie désormais sans aucun complexe.

Nous subissons un autre drame idéologique : la France est un pays dogmatique qui déteste ceux qui créent la richesse et l'emploi. Un phénomène suicidaire dans un pays qui fait du social l'alpha et l'oméga de sa politique. Nous savons que l'impôt sur la fortune est contre-productif car il fait fuir les riches. Quand on vit quelque part, on y investit. Notre pays est schizophrène : nous aspirons à conserver notre souveraineté avec une forte politique redistributrice et des services publics puissants, tout en stigmatisant la production de richesses, ou plutôt ceux qui la produisent.

L'idée que la richesse représente un gâteau qui se partage entre le maximum d'individus est fausse. La richesse se produit en fonction des besoins : plus on la facilite, mieux cela vaut. La France a développé un concept que j'appelle le « partage de la pénurie ». Le meilleur exemple reste les 35 heures, qui fut une catastrophe. Sur la forme d'abord, avec cette folie égalitariste et jacobine qui a consisté à les imposer à tous, sur l'ensemble du territoire, y compris pour des métiers sous tension. À quel point faut-il être dogmatique pour se suicider économiquement et socialement ? Nous devons pourtant à la droite les premières expériences de partage du temps de travail. Dans certains territoires, pour certaines activités précises et pour un temps donné, des dirigeants politiques comme Gilles de Robien ont tenté l'expérience avec succès. Mais l'imposer de façon généralisée, dans le public et le privé, était absurde.

Cela a aggravé la situation dans le domaine médical ou l'informatique et désorganisé des pans entiers de notre économie. Mettre en œuvre les 35 heures pour créer des emplois d'infirmières espagnoles, il fallait oser; Lionel Jospin et Martine Aubry l'ont fait! Cela a eu pour conséquence de geler durablement le pouvoir d'achat en augmentant le coût du travail et en limitant les évolutions de salaire. Comme c'est trop souvent le cas en France, lorsqu'un système est instauré de manière idéologique, les acteurs sociaux ont passé les années suivantes à modifier ce système déconnecté de la réalité. Ils y ont ajouté des éléments complexes comme l'annualisation et les RTT. Il fallait bien tenter de rendre le système opérant… Tout cela a contribué à rigidifier davantage le marché du travail, au moment où nous avions le plus besoin de flexibilité face aux enjeux de la concurrence mondiale.

Au-delà de ces réalités concrètes, le débat sur les 35 heures a été calamiteux sur le plan sociétal. Il a propagé l'idée que la seule vertu du travail réside dans son aspect alimentaire. La fameuse société des loisirs dont rêve la gauche fut érigée en modèle. Sandrine Rousseau, la députée écologiste, a même revendiqué le droit à la paresse et qualifié le travail de valeur de droite. Elle répondait ainsi au responsable du Parti communiste, Fabien Roussel, qui prônait un retour – aussi logique que jauressien – à la valeur travail. Cette évolution prend racine à la fin des années 1990 avec le débat sur les 35 heures. Celui-ci a définitivement enterré l'aspect émancipateur et le rôle social du travail au profit de sa seule fonction alimentaire. Ainsi, les salariés se concentrent uniquement sur la satisfaction de leurs besoins vitaux au lieu de chercher à s'élever par leur emploi. Cela a marqué le début de cette société des loisirs, mais aussi d'autres phénomènes tels que l'idéalisation des escrocs (Toni Musulin ou Marco Mouly sont considérés comme des héros) ou la transformation de la vision de l'aide sociale.

De solution transitoire destinée à traverser une épreuve, le chômage est devenu une solution durable dans l'esprit de nombreux Français. Se « mettre » au chômage devient souvent un choix, facilité – au passage – par le système de la rupture conventionnelle. Certains sont passés maîtres dans l'art de récolter les aides sociales. Même les entreprises s'y mettent : des cabinets spécialisés ont été créés pour les accompagner dans la collecte de subventions et la récupération de crédits d'impôt en tous genres. C'est la grande victoire de l'État providence – État nounou. La gauche rêvait d'une économie administrée et d'une population sous contrôle. Tout le monde le sait : « On obéit à qui nous paie. » En l'espèce, celui qui paie n'est autre que l'État.

Ces comportements ont été amplifiés et même justifiés par la gouvernance du « quoi qu'il en coûte », mise en œuvre durant la crise sanitaire à partir de 2020. Le corps social a été placé sous morphine dans un contexte d'urgence absolue. On constate à quel point le sevrage est délicat. Une des raisons de l'échec du gouvernement pour faire accepter la réforme des retraites de 2023 tient précisément au « quoi qu'il en coûte ». Comment faire admettre qu'il n'y a plus assez d'argent pour sauver le système des retraites quand les milliards pleuvaient sur l'économie quelques mois plus tôt?

Il serait temps de réaliser la supercherie et le cynisme que représente un système dans lequel l'État spolie les patrons et les salariés à travers les charges patronales et salariales, avec un niveau intenable de prélèvements obligatoires. L'État les appauvrit pour financer des aides sociales et des niches fiscales, tout en se prétendant le sauveur de la nation. Cette mécanique doit être brisée pour transformer le pays en profondeur. Impossible d'échapper à un double choc social et fiscal. Toutes les niches et toutes les aides doivent être supprimées, hormis celles destinées aux personnes âgées, aux handicapés et aux personnes souffrant d'affections de longue durée (ALD). Ces dernières doivent même être massivement revalorisées! Je ne prône pas moins de droits, mais un «mieux de droits». Stop au saupoudrage!

Il en va de même pour le traitement du chômage. Comment est-il possible de connaître un taux de chômage de 10% en France, alors que tant de secteurs sont en situation de pénurie? Nul n'a envie de travailler s'il n'y est pas contraint, selon la théorie libérale du chômage volontaire. François Mitterrand prétendait déjà en 1993: «Contre le chômage, on a tout essayé.» C'est faux! Ne pas parvenir à résorber le chômage est un choix politique, un manque de courage et une absence totale de vision.

«Businessman qui n'aime pas l'argent», j'ai été marqué par cette trahison du peuple par la gauche. Ma colonne vertébrale idéologique s'est donc bâtie autour de trois sujets majeurs: le retour à l'affirmation des valeurs républicaines, prélude non négociable; le strict retour de l'ordre public, car il s'agit d'un vecteur majeur de l'égalité des chances ; la défense de l'emploi. Le chômage a étrillé ce pays et sa jeunesse. Désormais, un nouveau destructeur d'emplois entre en action : l'intelligence artificielle (IA), qui transformera nombre de métiers tertiaires et fragilisera des vocations à moyen terme. C'est pour cette raison que j'ai décidé de prendre le problème à la racine en me concentrant sur l'emploi.

Les aspirants avocats, journalistes ou médecins commencent à entrevoir à quel point leurs métiers sont menacés par la civilisation de l'IA qui prend le contrôle de l'économie. Il est impératif de tenir un langage de vérité sur les défis qui s'annoncent, au lieu de se réfugier dans des combats d'arrière-garde et corporatistes. Il faut oser affirmer que le sujet des retraites est secondaire, compte tenu des défis à venir qui terrorisent nos dirigeants au lieu de les galvaniser pour trouver des solutions. Quel ministre osera dire aux citoyens qu'il faut se préparer à la disparition de métiers qui ont forgé notre univers socioprofessionnel ? Que les chauffeurs-livreurs seront remplacés par des drones ? Que les voitures autonomes vont faire disparaître le métier de taxi ? Quel syndicaliste prendrait le risque d'affaiblir son influence en annonçant à ses adhérents la fin de leur profession ? Les sphères dirigeantes connaissent bien ce refrain : celui qui dit la vérité sera exécuté.

Pourtant, on ne trompe pas les peuples. La colère est là, sourde, profonde. Il est inconcevable de laisser les citoyens dans le déni des dangers qui les guettent. Si rien n'est fait, la seule loi qui prévaudra sera celle de la jungle économique. Afin de réguler les tensions à venir, même la devise républicaine devra évoluer. Je prône l'introduction du principe d'« équité » plutôt que celui d'« égalité ». Cela signifierait un profond changement de paradigme.

7
Les raisons de la colère

S'il te plaît, dessine-moi un patron…

Il ne suffit pas de vouloir devenir « patron », encore faut-il être capable d'endosser le costume. La grande majorité des chefs d'entreprise sont de petits artisans et commerçants. Au risque de prendre à revers une idée reçue, beaucoup d'entre eux ont un niveau de vie inférieur à celui de bon nombre de salariés. Ils sont souvent contraints d'hypothéquer leur patrimoine pour investir ou pérenniser leur entreprise, car les banques ont depuis trop longtemps cessé de remplir leur fonction dans ce domaine. Mystérieuse vocation qui consiste à se mettre en danger pour faire vivre une entité de production et prendre la responsabilité du sort économique de plusieurs familles ! C'est d'abord cela, un patron : un individu qui se bat au quotidien pour son entreprise et ses salariés. C'est pour cette raison que les membres de cette classe ouvrière du patronat vivent si mal d'être confondus avec la caste des patrons prédateurs.

La vulgate n'opère pas de distinguo : le boulanger, le boucher, le libraire, le maçon et le chef d'une grande entreprise sont tous considérés comme des êtres obsédés par le profit. La perception d'un entrepreneur est souvent rétrograde. Je reprends souvent les salariés qui me disent : « J'ai donné vingt ans de ma vie à cette entreprise. » L'idée trop répandue que l'entreprise est une forme de bien collectif est fausse. L'entreprise n'est pas une démocratie, elle n'appartient pas aux salariés. Cela ne dispense pas de partager plus équitablement la valeur créée, mais il s'agit d'un autre débat. Il existe un paradoxe français : on déteste l'idée qu'une personne puisse s'enrichir grâce au travail d'autrui. On a donc méthodiquement brisé le capitalisme familial au profit d'un tissu de grandes entreprises mondialisées, dont la plupart ne paient pas d'impôts en France tout en bénéficiant de subventions. Ces mastodontes impersonnels, devenus les interlocuteurs du pouvoir, ont étouffé les PME. L'activité informatique est symptomatique de ce phénomène. De grands groupes dotés d'un « patrimoine génétique » bien plus proche de l'administration que de l'entreprise ont été minutieusement façonnés. Nous continuons de payer le prix de cette erreur tragique avec un intenable taux de chômage. Ces PME qu'on dénigre tant sont pourtant cruciales : elles créent de l'emploi et paient leurs impôts en France. Le Cac 40 a favorisé l'essor de nos groupes mondialisés. La France, par rapport à sa taille, possède un nombre très important d'entreprises de dimension internationale. Nous représentons moins de 1 % de la population mondiale, mais l'homme et la femme les plus riches du monde sont français. L'État jacobin a toujours préféré avoir des entreprises de grande envergure comme interlocutrices.

Cela concerne tous les pans de l'activité socioéconomique. Peu à peu, l'ensemble des praticiens disparaissent au profit de grands centres médicaux appartenant à des fonds de pension. Pharmaciens, dentistes, médecins, laboratoires d'analyses médicales : face à ces professions – ou plutôt à côté –, les groupes mutualistes croissent en absorbant d'autres entités pour devenir des mastodontes. Comme je le disais : Staline en a rêvé, la France l'a fait.

Les Français l'ont compris et ils sont en colère. Une colère profonde aux multiples racines. Nos compatriotes ont le sentiment de n'être ni écoutés ni considérés. Ils expriment leur rejet de cette « dictature démocratique », ou plutôt de cette « démocrature ». La France est encore une démocratie en termes de libertés publiques, mais plus vraiment sur le plan institutionnel. La Ve République s'est pervertie et ne répond plus aux enjeux de ce siècle, ni même aux aspirations philosophiques. La France subit le sort des vieilles puissances. Elle ne parvient pas à se transformer et s'acharne à tenter de s'adapter, au lieu de repartir sur une page blanche. Dans un pays réfractaire au changement, toute transformation est lente à mettre en œuvre. Les innovations sont pourtant à portée de main.

C'est tout le paradoxe de notre pays : nous disposons des meilleurs ingénieurs, à l'instar de ceux qui ont inventé la carte à puce, mais ce sont d'autres pays qui en profitent le plus. La Silicon Valley est parsemée d'empreintes du talent français. Snowflake, la société la plus révolutionnaire du moment dans le domaine de la gestion de données, a été fondée par des Français, mais l'entreprise est américaine. L'application Shopmium a été créée par un Français, mais l'armature de l'entreprise est située outre-Atlantique. Il est triste de constater que notre capacité d'innovation n'aboutit pas à une réussite commerciale et par conséquent à la création de richesses et d'emplois.

La France s'est enferrée dans la méfiance à l'égard de la réussite. Nous sommes le pays du principe de précaution, un attribut qui n'est pas étranger à la lenteur avec laquelle nous évoluons. Il suffit de comparer la

France à Israël pour constater à quel point le ratio est édifiant : la France compte trois entreprises cotées au Nasdaq pour 70 millions d'habitants ; Israël, cent quarante entreprises pour moins de 10 millions d'habitants. Seules 2 % de nos start-ups deviennent des « licornes » et 4 % des leurs[1]. Comment une telle différence est-elle possible, alors que notre pays dispose des meilleures écoles, des meilleurs ingénieurs et d'un niveau de vie très élevé ? Notre perception dégradée de l'innovation est le principal obstacle. Nous sommes témoins d'un repli sur soi permanent. La crainte constante de se faire voler ou copier nos créations ne constitue pas une protection de l'innovation, mais sa mise en péril. Plus on est novateur, plus on avance. À l'ère numérique, la meilleure protection n'est pas le brevet, mais une progression continue de l'innovation. Il est nécessaire de maintenir sans cesse une longueur d'avance. Cette stratégie est indispensable, sous peine d'être vite dépassé. Or nos dirigeants politiques ne disposent d'aucune stratégie en la matière, n'ont aucune vision et ont toujours un train de retard.

Que faire pour recréer un climat global propice à l'innovation ? La réponse coule de source : nous avons les cerveaux, il nous faut des financements. En 2014, j'ai assisté à une conférence du responsable du pôle de compétitivité Systematic. Au début de son intervention, il a précisé : « Comme Paris n'est ni Tel-Aviv ni Los Angeles, nous avons été obligés de créer des outils permettant de promouvoir l'innovation. » Intrigué par son propos, je lui ai demandé pourquoi la recherche était si pauvre en France. Sa réponse ne souffrait aucune ambiguïté : « Car nous sommes un pays qui a fait le choix du social. » J'ai alors réalisé à quel point

1. Source : Shimon Peres Center for Peace and Innovation.

la politique sociale de la France est pernicieuse. Un système qui consiste à imposer un taux de prélèvement astronomique et à taxer massivement les salaires afin de financer les besoins en subsides sociaux créés par cette même politique est au mieux ubuesque, au pire immoral. Une politique sociale aussi dispendieuse, reposant sur la dépense plutôt que sur l'investissement, ne peut que mener dans une impasse. Nos dirigeants pensent à l'envers, confondant causes et conséquences. J'ai longtemps cru qu'il s'agissait d'une question d'appréciation. Depuis peu, j'ai acquis la conviction qu'une telle politique est intentionnelle. C'est une manière de mettre le peuple sous coupe. Prélever massivement pour redistribuer est, pour l'État jacobin, un moyen de dominer.

Prenons l'exemple de l'Institut Pasteur, qui s'est révélé incapable de produire un vaccin contre le Covid-19 lors de la crise sanitaire. Comme toujours, les Français ont travaillé « en chambre », déconnectés du terrain pour « protéger » leur recherche du grand démon que représente le privé. À leurs yeux, l'innovation est une activité si noble qu'elle ne peut que se salir au contact de l'entreprise... Nos chercheurs sont payés au lance-pierre dans des laboratoires poussiéreux et sont couverts d'opprobre s'ils rejoignent le secteur privé. Aux yeux de leur milieu d'origine, ils trahissent la cause. Lors de la pandémie, nous n'avons pas perçu suffisamment tôt les signaux faibles, contrairement aux Américains. En conséquence, il est urgent de créer un lien étroit entre le public et le privé. Cela me rappelle cette phrase apocryphe attribuée à de Gaulle : « Des chercheurs qui cherchent, on en trouve ; des chercheurs qui trouvent, on en cherche. »

Alain Peyrefitte, dans *Le Mal français* (1976), déplorait déjà l'inefficience de l'hyperadministration. Il relatait que le général de Gaulle avait missionné le CNRS et le CEA pour doter le pays de la bombe H, mais que ce projet n'aboutissait pas en raison de la guerre entre services. Excédé, de Gaulle ordonna qu'une solution fût trouvée. C'est finalement un jeune chercheur du nom de Robert Dautray qui devint le «père» de la bombe H française. Son parcours était loin d'être classique: juif recueilli par une famille catholique durant la guerre, il avait été berger dans les Causses avant de passer son bac et d'entrer à Polytechnique. Il en sortit ingénieur en physique nucléaire. Avec son regard neuf, non pollué par les considérations politiques et les luttes intestines, il offrit à la France sa place de puissance nucléaire.

Autre exemple du même ordre: Christophe de Margerie, l'ancien président de Total, aujourd'hui décédé, avait expliqué dans une interview pour quelles raisons la France avait perdu au profit des Sud-Coréens un contrat mirobolant de construction de centrales nucléaires aux Émirats arabes unis. Le conglomérat Total-EDF-Areva s'était retrouvé face à un concurrent qui ne possédait ni son expérience ni sa renommée. Malgré l'importance de l'influence française à Abu Dhabi, notre pays perdit ce contrat dans une réinterprétation industrielle de la fable du Lièvre et de la Tortue. Les caciques français du nucléaire civil avaient fait preuve d'arrogance, sûrs de leur domination, écoutant à peine les demandes du client. Ce dernier souhaitait acquérir une centrale nucléaire à bon prix, rapide à mettre en œuvre et peu onéreuse à entretenir. Le conglomérat hexagonal leur avait proposé un EPR, lequel ne répondait à aucun de ces critères…

Pour mémoire, l'EPR de Flamanville avait connu plusieurs années de retard et un dépassement de budget de 10 milliards d'euros. Chez un concessionnaire automobile, propose-t-on une voiture de luxe à un client qui demande une petite citadine ? Après ce fiasco, le retour sur expérience ressemblait à l'autopsie d'un échec annoncé. Tout n'était que négligence, orgueil et incompétence. Le « lièvre » français n'avait pas été capable d'envisager que la « tortue » sud-coréenne – qui ne laissait rien au hasard – fût en mesure de damer le pion au champion mondial du nucléaire civil. N'importe quel commerçant aurait fait preuve d'une meilleure stratégie que ce consortium national. Le camouflet marqua d'une pierre blanche la culture industrielle française. Ce fut une leçon d'humilité. Un nouveau monde était en train d'émerger et la France venait d'en prendre conscience.

Nous possédons une hyperstructure qui génère des « hypercoûts » pour une efficacité médiocre. Que faire ? Revenir aux fondamentaux, dès l'école. Tant que l'on n'insufflera pas aux jeunes élèves la connaissance des mécanismes économiques pour leur apprendre à penser, nos élites demeureront déconnectées du monde de l'entreprise. Nous devons briser les frontières qui perdurent entre l'école et l'entreprise. Dans les cabinets ministériels, tous les conseillers viennent des mêmes univers, ont suivi les mêmes formations, et peu connaissent le monde de l'entreprise.

Ce n'est pas le cas de l'armée, qui envoie ses officiers dans les grandes *business schools* françaises. L'armée a créé une réserve citoyenne pour s'ouvrir aux autres sphères de la société. J'ai ainsi eu la chance de passer une année à l'IHEDN (Institut des hautes études de la Défense nationale), un établissement qui mélange civils et militaires. Cette expérience m'a permis de devenir colonel de réserve à la DGGN (Direction générale de la gendarmerie nationale), où j'interviens pour participer à l'évaluation des hauts potentiels. Cela fait quatre ans que je m'implique au sein de la gendarmerie : nous avons créé deux centres, un *Assessment Center* et un *Development Center*, afin d'identifier et d'accompagner les jeunes officiers prometteurs. L'évolution de cette institution est passionnante à observer et prouve qu'évoluer est donc possible dès lors que la volonté est présente. L'Éducation nationale et Bercy devraient en prendre de la graine…

« Votre passé ne doit pas être identique à votre avenir ! », affirme le très médiatique coach en développement personnel Anthony Robbins. Cette formule résonne en moi. Depuis le collège, j'ai acquis la certitude qu'il n'existe pas de détermination sociale, seulement des déterministes. Je suis ainsi devenu un militant de l'antidéterminisme. Quand Éric Zemmour m'a contacté pour me convaincre de rejoindre sa campagne présidentielle, je l'ai rencontré en tête à tête lors d'un petit déjeuner, mais j'ai tout de suite décliné sa proposition. Fondamentalement, je ne pense pas comme lui. Il m'est impossible de m'inscrire dans cette logique selon laquelle l'appartenance ethnique, religieuse ou sociale prédétermine un destin. Le destin de chacun est entre ses mains.

C'est ce que j'ai expliqué aux lycéens de Bondy que j'ai rencontrés le 28 septembre 2022. Face à eux, j'ai exposé ma conviction : notre vie est conditionnée par trois éléments : d'où je viens, qui je suis et où je vais. Nos origines sont le seul que nous ne maîtrisons pas, le reste est sous notre contrôle. Je suis évidemment conscient des difficultés lorsqu'on est issu d'un milieu modeste, d'une famille immigrée et que l'on habite un quartier difficile. Pour autant, je maintiens que les seules véritables barrières sont dans les têtes. Nous décidons de ce que nous sommes et de là où nous allons.

Avoir la force de s'extraire de sa condition a toujours été mon obsession. J'ai constamment évalué les individus en fonction de leur capacité à le faire. Les exemples historiques sont innombrables : Moïse s'est extrait de sa condition de fils adoptif de Pharaon pour sauver les plus misérables ; Siddhârta, un riche prince indien, partit à la recherche de lui-même au milieu des pauvres et devint le Bouddha Gautama après avoir passé des années en méditation sous son arbre. Toutes les cultures ont forgé le même mythe de la libération sociale, qui s'incarne dans le rêve américain. Il est d'ailleurs paradoxal de constater qu'aux États-Unis un Noir pauvre a bien plus de difficultés à s'extraire de sa condition qu'un jeune de Sarcelles ou de Bobigny. Ce dernier a accès à l'école, à la culture, à un réseau de transports et des soins gratuits. L'opinion commune continue pourtant de véhiculer l'idée que tout est possible aux États-Unis. Sans doute parce que le cinéma américain inclut de nombreux personnages de policiers, avocats et juges noirs, créant ainsi l'illusion d'un ascenseur social fulgurant. Une idée qui surpasse la réalité : tel est le secret du « rêve américain ».

En France, on a tendance à faire prévaloir des logiques déterministes et excluantes. La catégorisation enferme. Nous aimons les nomenclatures et les cases. Le pire est la condescendance avec laquelle sont traités les jeunes dits « de banlieue ». Ceux-ci ne sont jamais placés dans la case entrepreneurs potentiels, futurs médecins, tailleurs de pierre, chefs cuisiniers ou musiciens, mais uniquement dans la case « traitement social ». Intervenir dans ces quartiers pour aider les jeunes à réussir, cela s'appelle « faire du social ». Une vision terriblement aliénante.

Un degré est désormais franchi pour les personnes en situation de handicap. Il ne s'agit pas d'un dossier différent, mais du revers d'une même pièce. En France, la perception de la différence est engluée dans cette obsession du social. Il y a trente ans, Coluche disait : « C'est l'histoire d'un mec normal, blanc. » Aujourd'hui, il pourrait remplacer « blanc » par « valide », tant la discrimination envers les handicapés est devenue criante. Les enfants en sont les premières victimes. Grâce aux progrès de la médecine, on diagnostique bien plus précisément toutes formes de pathologies ou d'atypismes, mais le traitement social ne suit pas. Résultat : des dizaines de milliers de familles se retrouvent désemparées.

Dans ce domaine, certains praticiens ressemblent à des informaticiens qui pensent avoir trouvé la solution lorsqu'ils ont identifié une anomalie. Chaque rentrée scolaire, vingt mille enfants dits handicapés sont privés d'école, faute de structure ou de personnel pour les accueillir. Je précise « dit handicapés », car nul n'est capable de dire combien la France compte de personnes handicapées. Dans un pays aussi administré que le nôtre, il n'est pas non plus possible de déterminer leurs besoins spécifiques en termes d'accompagnement. Les pouvoirs publics catégorisent de la même façon une IMC (infirmité motrice cérébrale), un tétraplégique, un aveugle et un enfant atteint du syndrome d'Asperger – une forme d'autisme dont étaient atteints Einstein, Newton, Darwin, Jefferson ou le champion du monde d'échecs Bobby Fischer. Tous ces hommes au parcours hors du commun se seraient sans doute retrouvés en échec scolaire s'ils avaient vécu dans la France actuelle, faute de places disponibles en Clis (classe pour l'inclusion scolaire en primaire), en Ulis (unités locales pour l'inclusion scolaire au collège et lycée) ou faute d'AVS (auxiliaires de vie scolaire). Tous ces acronymes dont l'administration française a le secret nous font croire que l'on a traité le problème parce que le sujet a été intégré dans une nomenclature administrative.

Je me saisis de ce thème pour plusieurs raisons. La première : cette cause est universelle. À tort, nous avons tendance à penser que les causes ne doivent être défendues que par ceux qui sont directement concernés : l'antiracisme par les Arabes, la parité par les femmes, la mémoire de la Shoah par les juifs, celle de l'esclavage par les Noirs, le handicap par les handicapés. Si cette perception est une erreur par nature, elle l'est tout particulièrement pour le handicap, car la majorité des handicaps ne sont pas innés, mais causés par une maladie ou un accident. Ce qui signifie que nous sommes tous de futurs handicapés potentiels.

La deuxième raison est que la non-scolarisation des enfants handicapés porte atteinte à deux des valeurs républicaines : l'égalité et la fraternité. Il s'agit d'une double peine puisque l'exclusion sociale vient s'ajouter au handicap. Les handicapés sont surreprésentés dans les couches les plus défavorisées de la population. Si la non-scolarisation peut s'expliquer pour certaines formes de handicaps, elle est en revanche injustifiable pour toutes celles qui n'atteignent pas les capacités cognitives. Cette atteinte à la mixité est aussi préjudiciable pour les enfants valides, qui perdent la chance de s'enrichir au contact de camarades différents. Une discrimination de fait s'établit par ailleurs entre ceux qui peuvent scolariser leurs enfants dans des structures spécialisées et les autres qui, faute de moyens, subissent cette carence des pouvoirs publics. Le système de reproduction des inégalités fonctionne à plein régime.

La troisième raison est que ce sujet est révélateur des dérives de notre modèle social. Un modèle fondé sur le tout indemnitaire, selon la formule de l'excellent Dominique Bréard, avocat aveugle qui témoigne du parcours du combattant qu'il a vécu pour accéder au barreau. Un modèle administratif déshumanisé dans lequel les citoyens ne sont que des numéros de dossier. Un système qui catégorise pour mieux compter et qui considère la prise en compte des situations individuelles comme un crime de lèse-République. Nous sommes au cœur du sujet : le rapport qu'entretiennent les Français avec l'individu, d'une part et la différence, d'autre part. Combien de handicapés ou de parents d'un enfant handicapé se sont entendu dire : « Pourquoi faites-vous tout cela, alors que vous pouvez bénéficier d'une allocation ? » Combien de parents ont dû retirer leur enfant handicapé du système scolaire traditionnel à cause des railleries de camarades de classe ?

Notre modèle social est profondément malade. Il a relégué la question de la réalisation personnelle au dernier rang. Toute politique sociale qui ne repose que sur le déversement aveugle de deniers publics est une hérésie. En période de vaches maigres, cette politique conduit au saupoudrage des aides et ne satisfait personne. Nous allons devoir apprendre à faire mieux avec moins. C'est possible si l'État modifie la perspective avec laquelle il envisage les questions sociales. En premier lieu, il devra remplacer son traitement administratif, généralisé par une approche humaine, personnalisée et durable. Il doit arrêter de dépenser pour commencer à investir.

Lors de la rentrée scolaire, alors que toutes les institutions n'ont plus que le mot « inclusion » à la bouche, nous aurions pu espérer un sursaut des responsables politiques. Certains allaient-ils se saisir du sujet à bras-le-corps pour en finir avec l'injustice que représente l'absence d'accès à l'école des enfants handicapés ? À l'heure où l'on évoque sans cesse l'humanisme, l'intégration, l'accueil et l'égalité, ce sujet aurait dû faire surface. Ce ne fut pas le cas. Avec leur grand sens des priorités, nos élus ont préféré s'attaquer à un thème bien plus important : les repas de substitution dans les cantines, marotte favorite de certains dirigeants de droite qui en arrivent à penser que l'on fédère en privant de déjeuner une partie des enfants français. Je ne me reconnais définitivement plus dans cette classe politique qui a perdu tout sens de la nuance.

Il est vrai que les parents d'enfants handicapés n'établissent pas de barrages sur l'autoroute, ne caillassent pas la police et ne bloquent pas les trains. Ils sont trop occupés à tenter d'assurer l'avenir de leurs enfants. Il est donc de notre devoir d'interpeller les pouvoirs publics afin que la France se dote enfin, à l'instar de la Belgique ou d'Israël, de véritables mesures d'intégration des handicapés. La pierre angulaire de cette politique doit être un accès à l'éducation pour tous les enfants handicapés, mais aussi une sensibilisation de leurs camarades « valides ». Il est urgent que le handicap ne soit plus considéré comme une tare, mais enfin perçu pour ce qu'il est : une composante de la diversité humaine. Nous devrons ensuite mettre en œuvre une réelle inclusion des personnes handicapées au sein de la société, en particulier grâce au travail.

Dans les pays nordiques, la notion sociale a été ajoutée à la liste des situations de handicap. En m'intéressant à l'insertion des handicapés, j'ai d'ailleurs trouvé de nombreuses similitudes avec la notion d'insertion sociale des jeunes issus d'un milieu modeste. Je l'affirme : être issu d'un milieu modeste, de surcroît de l'immigration, peut être considéré comme un handicap objectif, d'ordre social, certes, mais un handicap tout de même.

C'est un constat, les ressorts qui permettent de s'en sortir sont les mêmes. Celui qui est différent ne dispose pas des mêmes avantages que les autres. Les codes culturels et sociaux ne lui sont pas familiers. Celui qui est en situation de handicap, quel qu'il soit, ne peut pas se contenter d'être compétent pour réussir : il doit viser l'excellence. Il doit puiser au plus profond de lui-même pour trouver les ressources nécessaires. C'est un défi, mais la satisfaction est immense quand on parvient à surmonter ces obstacles. Philippe Croizon, amputé des bras et des jambes, a traversé la Manche à la nage. Combien de personnes valides en seraient capables ?

Au sein de la société, la différence est un aiguillon pour s'élever au-dessus de sa condition d'origine. Très souvent, on retrouve parmi l'élite des personnes issues des minorités. Notre pays doit se décider à libérer les énergies, à faire confiance à l'individu. Il doit l'émanciper et le responsabiliser au lieu de l'infantiliser à coups de subsides sociaux et de lois prétendument protectrices qui ne sont que des cadeaux empoisonnés, des baisers de la mort d'un État jacobin hors sol et dépassé. Le seul but de cette politique est de maintenir sous contrôle toute une population, une version douce de la Terreur de 1793. La France doit faire confiance à ses enfants. Le rôle de l'État n'est pas d'agir à notre place, il est de créer un cadre favorable pour que s'exerce la créativité de chacun.

Tout éducateur sait que les paroles n'ont qu'une influence limitée et que seul l'exemple compte. L'enfant apprend par mimétisme. Usons donc de la vertu de l'exemple. La société doit se trouver de nouveaux modèles. Jusqu'à présent, la doctrine française consistait à prendre des exceptions, tels Zinedine Zidane ou Jamel Debbouze, pour en faire des modèles. Une logique contre-productive car elle indique l'inverse de ce que l'on veut démontrer. Quand les médias et la classe politique présentent un comédien ou un footballeur comme la preuve que l'on peut être issu de l'immigration et réussir, ne prétendent-ils pas qu'il faut être Omar Sy ou Kylian Mbappé pour s'élever socialement si l'on est arabe ou noir ? Le message est devenu contre-productif car il repose sur un mythe non fondateur. Il faut au contraire mettre en avant les centaines de milliers d'individus qui sont exemplaires par la banalité de leur réussite. Chacun peut être son propre héros et contribuer au rayonnement de son pays. Chacun peut accomplir un projet de vie pour lui-même et ses proches.

Je commence toujours mes interventions dans les lycées par une déconstruction des croyances. En France, nous sommes déterministes. Dans le *Contrat social*, Jean-Jacques Rousseau affirme que « l'obéissance à la loi qu'on s'est prescrite est liberté ». Si nous ne choisissons pas d'où nous venons, Rousseau soutient que nous ne sommes pas condamnés par nos origines. Notre libre arbitre nous permet de nous extraire de notre condition. Notre volonté ne doit pas être contrainte, il est impératif de refuser les cases dans lesquelles cette société normative veut nous enfermer.

On me demande parfois quelle est ma légitimité pour intervenir. L'adage selon lequel « si je structure, je maîtrise » me semble dépassé. Le mot italien *volontario* signifie à la fois « volontaire » et « volontariste ». En hébreu, le terme *huspa* (*chutzpah*) est une combinaison de

« culot » et d'« audace ». Un petit entrepreneur israélien osera se rendre au salon du Bourget pour s'entretenir avec le P-DG de Dassault. Ces jeunes de banlieue, ces Français convaincus d'être limités par leur condition actuelle doivent eux aussi faire preuve de *chutzpah*. Je le répète sans cesse à ceux que j'ai la chance de rencontrer.

J'emploie le terme « chance » car ces rencontres sont pour moi aussi une richesse. Lors de mes interventions, je m'attaque aux pouvoirs publics pour lutter contre cette notion de déterminisme qui s'est ancrée dans l'inconscient collectif. J'évoque Caroline Aigle, la première pilote de chasse de l'armée de l'Air française dans un milieu très masculin ; Tawhida Ben Cheikh, la première femme médecin dans le monde arabe ; Jérôme Adam, aveugle, devenu entrepreneur à succès, réalisateur et maître de conférences à Science Po. Ces exemples marquent le jeune public. Je leur démontre qu'avec de la détermination et la foi en ce que l'on entreprend, il est possible de surmonter tous les handicaps. L'absence de jugement paternaliste de ma part les met en confiance. Au fil de mon intervention, j'ai le sentiment que le regard négatif que ces jeunes portent sur eux-mêmes évolue.

Je m'étais entretenu sur ce sujet avec Nicolas Sarkozy. Il m'avait répondu : « Ils vous écoutent parce que vous êtes légitime. » Je pense qu'il avait raison. J'explique souvent à ces jeunes que la première étape doit être d'intégrer les codes de la vie professionnelle. Ils comprennent parfaitement ce que cela signifie. Ils le savent d'autant mieux que leurs propres codes dans les cités sont souvent établis en réaction aux codes sociaux traditionnels. Je leur demande de faire un pas vers la société car il n'est pas possible de recevoir sans donner soi-même.

Le propre de l'adolescence est de chercher les limites. Dans une société qui a décidé de ne pas imposer d'ordre, les adolescents vont de plus en plus loin pour les trouver. Nous commettons l'erreur d'élargir un cadre qu'il faudrait au contraire resserrer. Pourquoi ? Par idéologie. Une obsession bien française consiste à penser que tout ordre, aussi minimal soit-il, représente une tentation fasciste. Un tel état d'esprit reflète la dérive des sociétés occidentales depuis des décennies. Cette éducation permissive, celle de l'enfant-roi, est un processus destructeur. Toutes les histoires d'enfants sauvages le prouvent : pour chaque être humain, l'essentiel provient de l'acquis. Sans un cadre solide et une transmission de valeurs dès le plus jeune âge, nous ne sommes que des animaux. Ne pas définir de limites revient à provoquer un délitement de la société.

Mes interventions dans les établissements scolaires sont toujours très bien accueillies par les jeunes. J'ai le sentiment de les toucher au cœur. Pourquoi ? Parce que je parviens sans doute à comprendre leur souffrance, leur frustration, mais surtout leur volonté de s'en extraire. Je prône une doctrine basée sur deux piliers : bienveillance et fermeté. Parmi ces jeunes, les véritables éléments perturbateurs sont en réalité peu nombreux. Malheureusement, il suffit d'un seul dans un collège pour freiner les autres. Par égalitarisme, la République préfère punir un collectif entier plutôt que de s'en prendre à un individu. Pour éviter des accusations individuelles, on contraint tout le monde à glisser sur la même pente. Les amalgames naissent de là. S'en prendre à tous les jeunes pour quelques fauteurs de troubles est un non-sens. Nous devons être fermes avec ceux qui ne jouent pas le jeu et bienveillants envers l'ensemble. Mais avec une bienveillance axée sur l'apprentissage, la transmission et l'exemple, et non à travers un énième traitement social dont la seule vertu serait de déculpabiliser les pouvoirs publics.

Je voudrais finir ce chapitre sur une note optimiste en évoquant le cas de plusieurs des jeunes que j'ai accompagnés. Ils sont ma fierté. C'est le cas d'Alec, un jeune originaire d'une cité du XIXe arrondissement parisien devenu un entrepreneur à succès dans le domaine de l'assurance et des systèmes d'information. Le cas d'Almedhi, issu d'une cité du XIVe arrondissement et entrepreneur dans le conseil en Belgique. Le cas de Gary, qui peinait à trouver un stage en alternance et qui est à présent développeur au pôle innovation digitale d'un grand groupe. Le cas d'Adé, jeune au chômage désormais manager d'une boutique de mode. Le cas de Soufiane, sans travail malgré des études supérieures et aujourd'hui ingénieur commercial au sein d'une pépite de l'informatique. Le cas d'Ambre, qui ne trouvait que des stages «machine à café et photocopieuse» avant de devenir stagiaire dans un grand groupe. Le cas de Mehreen, en recherche d'emploi et désormais expert-comptable. Le cas d'Olivier, devenu ingénieur informaticien chez Orange. Le cas de Haroon, que j'ai aidé à entrer chez Stellantis et qui est devenu ingénieur dans l'automobile. Je pourrais en citer bien d'autres. Leur réussite ne dépend que d'eux-mêmes, j'ai seulement pris du temps pour donner un coup de pouce à leur destin. Ces jeunes parfois issus de milieux modestes sont la preuve qu'il n'y a pas de fatalité. La France a besoin d'eux. Mais, trop empêtrée dans des certitudes d'un autre âge, elle est incapable d'organiser la rencontre de l'offre et la demande.

Je veux rappeler aux jeunes qu'il est possible de réussir dans la France d'aujourd'hui malgré les difficultés. Cela sera encore plus vrai dans la France de demain. Ces jeunes en sont les chevilles ouvrières, les artisans, les entrepreneurs, les militants, les citoyens. Je veux déjà leur rendre hommage en leur dédiant ce livre. Quant à moi, j'aurai accompli mon modeste rôle de relais, de transmetteur et de passerelle. Les relations humaines sont des liens, des bras tendus, des mains ouvertes. Nous pouvons construire ensemble, toutes générations confondues. La France que j'aime est celle-là. Alors, saisis l'occasion, jeunesse, la réussite est presque au coin de la rue !

Je garde toujours en mémoire une formule du merveilleux roman *Jonathan Livingston le goéland* de Richard Bach : « Ça marche toujours lorsque l'on sait ce qu'on fait. » J'en ajoute une autre, de Jacques Prévert : « Il faudrait essayer d'être heureux, ne serait-ce que pour donner l'exemple. »

8

Pas de liberté sans sécurité

L'insécurité est prédominante dans la société française. Elle affecte l'ensemble des catégories de la population et s'étend à toutes les zones géographiques. Il ne s'agit pas de brandir l'épouvantail de la peur, mais de soulever un problème sociopolitique. Le rôle d'un État est avant tout d'assurer la sécurité des biens et des personnes. Il ne s'agit pas d'une marotte bourgeoise, mais d'un pilier de la démocratie.

En abordant cette question, il m'est souvent arrivé de me faire traiter de fasciste. Ni plus ni moins ! Je ne faisais pourtant que réclamer le strict respect de l'ordre public. La sécurité est inscrite dans notre Constitution, elle doit être respectée. En France, la sécurité est trop souvent perçue comme une valeur de droite. Aux yeux de la gauche, la délinquance ne semble être qu'une façon de rééquilibrer les injustices sociales. Combien de fois a-t-on entendu des responsables politiques de cette obédience excuser la délinquance – voire le terrorisme – du fait de la misère sociale, réelle ou supposée ? C'est l'un des fondements du relativisme de la gauche que je dénonce dans cet ouvrage. Cet état d'esprit consiste à prôner – de manière plus ou moins implicite – une répression mesurée pour des individus coupables d'actes délictueux ou criminels au motif que leur situation sociale n'est pas à envier. Pire : il peut amener à juger un migrant violeur avec plus de clémence, sous prétexte d'une culture différente. Un tel phénomène n'est pas nouveau. En 1995, Danielle Mitterrand, qui n'était plus Première dame depuis quelques semaines, s'était émue que Khaled Kelkal, l'un des responsables de la vague d'attentats meurtriers qui avaient frappé la France, ait été abattu par les forces de l'ordre lors de sa traque.

Désormais, des pans entiers de notre pays sont devenus des « territoires perdus de la République », selon la formule de Georges Bensoussan[1]. Depuis, la situation s'est aggravée. L'insécurité multifactorielle est en grande partie le fait de ceux qui se désignent eux-mêmes par le terme de « racailles ». Mais pas seulement. La France représente un supermarché idéal pour les délinquants et les criminels, puisque le rapport bénéfice/risque y est très favorable. Il s'agit d'un pays riche dans lequel la police est rendue impuissante par une justice trop faible et partiale et où le citoyen subit une quasi-interdiction de se défendre. Dans n'importe quelle autre contrée, commettre un cambriolage comprend le risque d'être tué par le propriétaire du bien ou la police. La sévérité des décisions de justice et les conditions carcérales ont également un fort effet dissuasif. Avec la libéralisation de la circulation des biens et des personnes, les délinquants de toute obédience sont désormais libres de venir faire leur marché dans le pays le plus avantageux, c'est-à-dire en France.

Ce phénomène peut provoquer d'authentiques razzias. En juillet 2022, à l'occasion de la finale de la Ligue des champions de football, le Stade de France a été

---

1. *Les Territoires perdus de la République*, collectif, Mille et une Nuits, 2002.

transformé en un supermarché à ciel ouvert : des hordes d'individus sont venues dépouiller les spectateurs qui assistaient au match en famille. Tous les témoignages décrivent les mêmes scènes de chaos. Cela promet pour les Jeux olympiques de Paris en 2024 ! Le pire fut la réaction du ministre de l'Intérieur pour justifier les manquements : Gérald Darmanin a osé incriminer les supporters anglais, malgré les images de l'événement et l'ensemble des témoignages recueillis qui prouvaient le contraire. Les transports publics ont d'ailleurs « malencontreusement » perdu les vidéos issues des caméras de surveillance sur lesquelles on pouvait identifier les individus qui se rendaient sur les lieux pour commettre ces méfaits. Il en avait été de même lors du déconfinement, au printemps 2020 : alors que de nombreux jeunes s'étaient réunis aux Invalides pour célébrer cette liberté retrouvée, des hordes venues de banlieue les ont dépouillés. Je pourrais multiplier les exemples. Je n'en citerai qu'un autre : les bus de touristes chinois régulièrement attaqués à Paris, comme les diligences au Far West. Les coffres à bagages sont pillés sous les yeux des passants impuissants.

Tout cela démontre à quel point l'État est devenu défaillant. Et tout le monde vit cette insécurité dans sa chair. Qui n'a pas un proche qui ait subi une agression ? Ce laxisme sécuritaire n'est pourtant pas une fatalité, mais un choix politique. Je le répète : quand l'État veut, l'État peut. Nous sommes un pays hyperadministré, doté de moyens importants. Quand il s'est agi d'enfermer, de masquer et de vacciner l'ensemble des citoyens, l'État y est parvenu. Quand il a fallu identifier et arrêter l'assassin d'Ilan Halimi en Côte d'Ivoire, quelques heures ont suffi. Il en fut de même pour l'assassin présumé du jeune Aymen, renversé volontairement par un chauffard en marge du match France-Maroc de la Coupe du monde de football en 2022. Dans ces trois cas, la volonté politique n'a pas manqué. En matière de sécurité, les pouvoirs publics français font donc preuve d'un mélange d'idéologie et de lâcheté – car une fraction de l'opinion publique estime qu'imposer l'ordre public va à l'encontre d'une forme de redistribution des ressources.

D'aucuns considèrent même que se promener avec une montre de grande valeur ou conduire une voiture de luxe est une insupportable provocation. Il s'agit d'une inversion des valeurs, puisque la victime devient alors le bourreau. Je ne me saisis pas de cette thématique par idéologie, mais parce que je suis soucieux de la dimension sociale de ce mal endémique. La sécurité est avant tout une valeur très sociale. Les principales victimes de l'insécurité sont les habitants des quartiers défavorisés. Quand la gauche s'élève contre les mesures sécuritaires, elle entretient l'injustice sociale. Comment est-il possible que si peu de gens le considèrent de cette façon ?

J'ai vécu heureux en banlieue, à Bouffémont, pas loin de Sarcelles. Cette commune était un havre de paix, en lisière de la forêt de Montmorency. Au fil du temps, la qualité de vie s'y est dégradée, sous l'administration d'un maire de gauche obsédé par le logement social, à tel point que la ville dépassait de plus de huit points le quota de la loi SRU. Or, si je n'ai rien contre le logement social – j'ai vécu en HLM plus de la moitié de ma vie –, je suis un fervent partisan de la mixité sociale. Créer des ghettos de pauvres n'a jamais été une solution. Quand le climat s'est dégradé à Bouffémont, j'ai emménagé avec ma famille dans un quartier chic de Paris. Mais qu'en est-il de tous ceux qui n'ont pas d'autre choix que d'y rester ? Ils subissent ! Cette insécurité fait aussi fuir les commerces, les enseignants et même les services publics. Au nom de l'idéologie progressiste et égalitariste de la gauche, on en vient à maintenir des populations entières dans la peur et le nivellement par le bas. Cette conception de la vie en société possède une dimension malsaine, à la limite du racisme néocolonial, car elle revient à considérer que certaines populations ne méritent pas mieux.

Au-delà de la situation des habitants eux-mêmes, ces quartiers de quasi-non-droit ont un impact sur notre économie tout entière. L'image de la France devient détestable. Un vol subi par un Chinois dans le quartier de Montmartre a des conséquences significatives sur notre tourisme. Nombre d'entreprises renoncent à installer leur siège en France à cause de l'insécurité. Les actes délictueux sont délétères pour l'ensemble de la population. Même Paris devient répulsif. Notre capitale est devenue un haut lieu de la violence. Les quartiers les plus favorisés attirent les délinquants de tout ordre. Rien n'est fait pour endiguer ce phénomène. Durant l'été 2022, six viols ont été commis dans des rues parisiennes. La maire, Anne Hidalgo, trop occupée à réguler les appartements sur Airbnb, aménager des pistes cyclables et mettre à l'amende les conducteurs de scooter, n'a rien dit. C'est insensé !

En revanche, de nombreux propriétaires de bars et de restaurants sont verbalisés si leur terrasse dépasse de dix centimètres les règles d'urbanisme. Un gardien d'immeuble qui sort les poubelles trop tôt subira le même sort. En pareil cas, la force publique agit… L'absurdie a pris le pouvoir dans la capitale. En août 2022, une cantatrice qui chantait dans la rue à Montmartre a été verbalisée par la police pour tapage diurne. Lorsque l'on compare son comportement à ceux des individus que la police n'interpelle jamais à la «colline du crack», on reste pantois.

Il y a quelques années, une personne qui connaissait mon réseau m'a contacté en désespoir de cause pour me demander si je pouvais intervenir. Elle habitait un immeuble social du XIe arrondissement, en grande partie occupé par des personnels soignants. Depuis des années, des dizaines de jeunes individus se réunissaient en bas de chez elle tous les soirs, hurlant, mettant de la musique et se livrant à des rodéos urbains. Les habitants qui osaient leur demander d'arrêter récoltaient des insultes. Les contrevenants allaient jusqu'à monter dans les appartements pour les menacer. Les perturbateurs n'avaient jamais été inquiétés, ni par la police ni par la mairie de l'arrondissement. Pis: cette dernière a accusé les résidents d'être réactionnaires. Il a fallu qu'un jeune garçon meure d'un coup de couteau pour que les pouvoirs publics interviennent. En déménageant récemment, j'ai retrouvé une tribune que le jeune militant RPR que j'étais avait écrite en 1995. J'y décrivais déjà la situation vécue par les habitants du square de la Roquette. Trente ans se sont écoulés, et, comme dans de nombreux autres domaines, trente ans pour rien.

En plein déni dogmatique, la maire de Paris est déconnectée du réel. Des radars sonores sont installés pour verbaliser les motards dont les véhicules émettent un niveau de décibels dépassant les limites réglementaires, mais la police a la consigne de ne pas poursuivre les jeunes qui commettent des rodéos urbains sans casque car, s'ils se tuent, on craint des émeutes urbaines. On préfère donc qu'ils renversent un enfant qui traverse la rue, comme ce fut le cas encore récemment. Cette disparité flagrante, où l'on harcèle les citoyens sur des sujets bénins tout en faisant preuve de laxisme pour des actes dangereux, est aussi inadmissible qu'incompréhensible. C'est pour cette raison que, lors de la dernière élection présidentielle, j'ai répondu à ceux qui stigmatisaient les Français à cause des scores de Marine Le Pen et d'Éric Zemmour que ces candidats n'étaient pas la cause, mais bien la conséquence de cette situation. Pour ma part, je trouve les Français responsables et très patients.

Tous ces exemples remettent en cause la crédibilité de l'État. J'accuse la gauche d'en être en grande partie responsable car toute tentative de rétablir l'ordre est devenue un parjure à ses yeux. D'aucuns accusent la droite de ne pas avoir fait mieux lorsqu'elle était au pouvoir. C'est vrai. Si notre pays a été le plus souvent dirigé par des gouvernements de droite, l'idéologie dominante n'en est pas moins plutôt de gauche. Elle est diffusée et entretenue par trois grandes institutions : l'Éducation nationale, la magistrature et la presse – même si la diversité d'opinion a fort heureusement encore droit de cité. Un exemple : il existe en France une obsession des droits de la défense, qui s'exerce au mépris du droit des victimes. Ces droits de la défense sont mis sur un piédestal car la gauche ne s'est pas encore affranchie des combats du XIXe siècle, en particulier l'anticléricalisme et l'obsession des droits humains. Or, si ces fondements sont bons, il est nécessaire d'en revoir la mise en œuvre dans un pays dont la physionomie a changé en profondeur depuis l'édiction de ces principes. Rester figé sur des droits acquis au XIXe siècle provoque un décalage avec la réalité, parfois même des contradictions. C'est le cas lorsque la gauche, pourtant anticléricale, défend l'islam radical.

La gauche est persuadée que le racisme est d'extrême droite, alors que l'essentiel du racisme – celui qui tue –, de l'antisémitisme et de l'homophobie est majoritairement le fait de ceux qui sont eux-mêmes victimes de racisme : les personnes originaires du Maghreb et d'Afrique subsaharienne. Le logiciel de la gauche française est cependant incapable d'accepter cette réalité. À ses yeux, la qualification d'un acte raciste ne dépend pas de la victime, mais de celui qui le commet. Pendant la pandémie, les agressions contre des Chinois dans les banlieues se sont multipliées car certains individus les rendaient responsables du Covid. Le « pas d'amalgame » ne fonctionne pas de la même manière pour tous. Quand j'exprime cela, on me rétorque que c'est de la stigmatisation. Je le réfute. Ceux qui stigmatisent en mettant systématiquement la race, l'identité ou le genre en exergue sont les progressistes autoproclamés, pas moi. Si je devais faire une proposition, elle serait simple : légalisons les statistiques ethniques en France. Cela nous permettrait de nous baser sur des critères objectifs pour décrire le réel, et non sur de simples perceptions.

Comment expliquer l'influence de l'idéologie de gauche, alors que la France a principalement été gouvernée par la droite ? Cela tient à la capacité de ce camp politique à faire de l'entrisme. Le collectivisme n'est pas un ordre naturel. Ce système ne fonctionne que dans le cadre de petites unités, comme dans les kibboutz à l'époque de la fondation de l'État d'Israël, mais en aucun cas à l'échelle d'un pays. J'en veux pour preuve ce que sont devenus tous les États qui avaient choisi – où s'étaient vu imposer – le communisme. Cette organisation politique n'a perduré dans aucun pays après avoir engendré massacres et pauvreté. Si les collectivistes sont parfois arrivés au pouvoir par les urnes, ils n'y sont restés que par la force ou les manœuvres politiciennes.

Cela est aussi valable dans nos contrées. Sitôt une ville conquise, la nouvelle majorité de gauche va œuvrer pour s'y ancrer en faisant exploser les dépenses de fonctionnement, les subsides sociaux, les constructions de HLM, les subventions aux associations qui leur sont favorables et en pactisant avec les groupes communautaires. La gauche a toujours été minoritaire dans l'opinion et a toujours réussi à prendre le pouvoir ou à l'influencer grâce aux techniques de noyautage des institutions. Les principes du penseur communiste italien Antonio Gramsci sont devenus universels. La prise du pouvoir dans les urnes doit être précédée par le contrôle du récit qui tapisse l'air du temps. Autrement dit, les événements de Mai 68 en France ont préparé le terrain à la victoire de la gauche en 1981. Cet espace-temps politique est observé – et adopté – depuis des années par la droite nationale. Sous la présidence d'Emmanuel Macron, celle-ci bénéficie même d'un alignement des planètes dans sa perspective d'accéder au pouvoir. Marion Maréchal, après avoir quitté son mandat de députée FN et créé une école de cadres, s'est fendue d'une tribune remarquée dans le magazine *Valeurs actuelles* sur la nécessité de mettre en œuvre un « gramscisme de droite », préalable à la victoire de ses idées dans les urnes. Petite précision à ce stade. Techniquement, juridiquement et politiquement, l'extrême droite n'existe plus en France, ou du moins elle se résume à quelques centaines d'excités fanatique et hors sol. Le RN comme Reconquête sont des partis républicains, populaire pour le premier, et conservateur pour le second. Affirmer autre chose est abusif et fallacieux, mais surtout intellectuellement malhonnête.

La politique sécuritaire a été la première cible du pétrissage normatif de la gauche depuis des années. Conséquence : tout dirigeant politique qui tente de manière un peu rigoureuse de faire respecter l'ordre se voit aussitôt affublé de l'étiquette simpliste de fasciste. Une fois catégorisé comme tel, il lui est très difficile de s'en affranchir. Prenons un exemple concret : Brice Hortefeux, honni par toute la gauche à l'époque, échangeait avec un militant musulman lors de l'université d'été de l'UMP en 2009. Celui-ci lui fit savoir qu'il ne pratiquait pas sa religion. L'ambiance était chaleureuse, Hortefeux répondit dans une boutade, certes indigne de son rang de ministre : « C'est comme les Auvergnats, quand il y en a un, ça va, c'est quand il y en a beaucoup qu'il y a des problèmes. » Toutes les associations antiracistes et les médias ont aussitôt poussé des cris d'orfraie. Brice Hortefeux finit par être condamné en appel pour incitation à la haine raciale. La même année, Manuel Valls, qui visitait une braderie de sa ville d'Évry avec des journalistes, glissa à l'un de ses conseillers : « La presse arrive, mettez-moi quelques blancos. » On était alors dans l'expression raciste la plus totale. Valls n'a pourtant jamais été inquiété. Nicolas Sarkozy, qui entreprenait de démanteler un camp de Roms qui posait des problèmes de sécurité, fut accusé par la presse de gauche de déporter les Roms comme du temps de Vichy. Il fut même comparé à Pétain ou Laval, et les bus climatisés qu'il avait fait affréter aux wagons plombés ! La sélectivité de la presse est totalement partisane. En noyautant les médias, la gauche entraîne la société où elle le souhaite. Depuis des années, les prises de position outrancières au sujet du conflit israélo-palestinien et les accusations fallacieuses vis-à-vis d'Israël ont provoqué une grave dégradation de la sécurité des juifs en France, et le 7 octobre 2023 nous en a donné une terrible illustration.

Le phénomène frappe aussi la magistrature. Bien que le démontrer soit complexe, une simple observation révèle une infiltration idéologique. La magistrature a basculé à gauche depuis longtemps. Les magistrats de droite, comme Charles Prats ou Philippe Bilger, sont très marginaux, contrairement à ceux de gauche. Charles Prats, qui s'est engagé contre la fraude sociale, est harcelé par ses pairs et menacé par ceux qu'il dérange sans être soutenu par sa corporation, pourtant très active quand il s'agit de se couvrir mutuellement. Quand la gauche ne parvient pas à mener un combat sur le terrain politique, elle le déplace dans l'arène judiciaire.

Au conseil de prud'hommes, où j'ai siégé durant seize ans, j'ai dû me battre contre un collège de salariés composé de syndicalistes issus de la gauche. Ils semblaient ne pas avoir compris que leur fonction de magistrats dans cette juridiction leur imposait de rendre des décisions impartiales en fonction des faits et des lois, et non de défendre uniquement les salariés avec lesquels ils estimaient partager une illusoire lutte des classes. Ce positionnement donne lieu à une utilisation souvent partisane du concept – si légitime – de libre appréciation des juges. Les cas d'abus aux prud'hommes sont légion, mais je ne citerai qu'un exemple. Un membre du collège salarié se battait pour ne pas débouter une employée licenciée pour vol par le restaurant qui l'employait. Ce vol était caractérisé et avait été établi lors de l'audience, mais ce magistrat ne voulait rien entendre, avançant comme principal argument que la jeune femme n'avait volé « que » 30 euros dans sa caisse. Si nous ne déboutions pas la salariée, cela signifiait que nous devions condamner l'employeur pour licenciement abusif. Cette perspective injuste ne semblait pas déranger notre collègue.

La meilleure illustration de la déconnexion totale des magistrats avec le monde dans lequel ils vivent s'est manifestée lors de l'affaire du «Mur des cons». En 2013, le journaliste Clément Weill-Raynal avait découvert dans les locaux du Syndicat de la magistrature un panneau d'affichage recouvert de photos de personnalités dont le tort avait été de critiquer le fonctionnement de la justice, sous le titre de «Mur des cons». Parmi les personnes visées figurait Nicolas Sarkozy, qui avait comparé les magistrats à des «petits pois», mais aussi un militaire dont la fille avait été violée par un multirécidiviste. Ce père de famille avait critiqué le fait que le bourreau de sa fille se trouve en liberté, alors qu'il aurait dû se trouver en prison.

Cette sinistre mise en scène du Syndicat de la magistrature donne une idée de la capacité de l'institution à respecter les droits des victimes, et surtout son absence totale d'empathie. Leur idéologie exerce une influence considérable sur l'évolution de la société, notamment en raison des remises en liberté d'auteurs de crimes graves et la sélectivité idéologique de la sévérité. Le paradoxe est souvent ubuesque: nous assistons à une clémence générale pour certains criminels, mais à des peines d'une grande sévérité pour des entrepreneurs coupables de délits financiers. Que ces derniers soient condamnés est souhaitable, mais un tel décalage d'appréciation laisse pantois. Cela doit changer.

La police passe son temps à interpeller des délinquants, mais ceux-ci retrouvent la liberté dès le lendemain, sur décision de magistrats. Un vrai panier percé! La réponse pénale doit sans aucun doute être accompagnée d'une politique de réinsertion et de prévention, mais elle doit avant tout être dissuasive. Tout ce qui n'est pas entrepris pour le rétablissement de l'ordre public est le fruit d'une volonté politique. Quand le pouvoir a voulu réprimer violemment les Gilets jaunes, il l'a fait de façon sélective, épargnant les casseurs d'extrême gauche qui discréditaient le mouvement. Cet épisode fut probablement l'un des exemples les plus frappants du cynisme et de l'aspect manœuvrier de la présidence Macron.

La gauche a également noyauté l'Éducation nationale depuis des décennies. Elle a ainsi pu diffuser son rejet de l'ordre. Depuis 1981, l'idée que l'autorité n'a plus droit de cité au sein de l'école a engendré une forme d'anarchie. Résultat : des professeurs agressés par des parents ou des élèves violents. Dans certains lycées, il n'est plus possible d'enseigner la Shoah, le conflit israélo-palestinien et la colonisation de l'Algérie. Comment justifier le fait que des élèves imposent ce qui doit être enseigné ?

J'ai récemment reçu chez moi un professeur d'histoire-géographie dans un collège du XIe arrondissement parisien. Cet enseignant m'a raconté une anecdote survenue en salle des profs, lors d'une discussion sur la commémoration de l'assassinat de Samuel Paty. Deux collègues, bretons d'origine, l'ont interrogé sur ce qu'il avait prévu d'organiser à cette occasion. Il leur a répondu qu'il allait diffuser une interview de Caroline Fourest sur le sujet. L'un de ses collègues lui a rétorqué : « Tu devrais plutôt leur montrer une intervention de Rokhaya Diallo. » L'autre lui a conseillé d'évoquer aussi le terrorisme d'extrême droite afin de ne pas « stigmatiser une partie de la population en se focalisant sur le terrorisme islamiste » ! Comment la commémoration de l'assassinat barbare de Samuel Paty peut-elle faire débat de cette façon ? La vérité est d'une violence inouïe : une partie du corps enseignant ne souhaite pas rendre hommage à un collègue égorgé pour avoir relayé des dessins lors d'un débat scolaire. Pis : une fraction de la population adopte la même attitude. Certaines villes ont renoncé à baptiser un collège au nom de Samuel Paty, de crainte que cela provoque des troubles. Voilà où nous a menés ce relativisme : à naviguer entre compromission et soumission.

La gauche a perdu tous ses repères, elle a fait du relativisme sa nouvelle colonne vertébrale. Elle soutient donc ce qu'il y a de pire : l'extrémisme islamiste. Cette idéologie a déjà commencé à chasser la République de l'école. À Toulouse, il y a plusieurs mois, le rectorat a dû effectuer un rappel à la loi sur la laïcité. Pourquoi ? Parce qu'un professeur avait diffusé un morceau des Beatles en cours de musique durant le ramadan et qu'un élève musulman avait quitté la salle de classe, suivi par plusieurs camarades. Grand paradoxe : le dernier bastion de l'École républicaine est désormais l'enseignement catholique. Celui-ci accepte tous les élèves, quels que soient leur religion et leur milieu social. Les Français, toutes confessions confondues, ne s'y trompent pas et y inscrivent massivement leurs enfants.

L'École catholique n'est pas prosélyte et fait respecter l'ordre, contrairement à l'école laïque qui a renoncé à imposer les principes républicains hérités des Lumières. Je suis en colère contre l'École publique. Ses renoncements ont un impact sur toute la société. Comme les quartiers, nombre d'écoles se sont progressivement vidées de leur diversité sociale et religieuse. Or, quand on ne vit plus ensemble, il n'y a plus de connaissance mutuelle. C'est le début du rejet, on devient perméable aux préjugés, puis surviennent la violence et la haine. Samuel Paty puis Dominique Bernard en sont devenus des symboles absolus. Lors de cette tragique affaire, une adolescente a menti en prétendant qu'elle avait été choquée par les propos de l'enseignant, alors qu'elle n'était même pas en cours ce jour-là. Une *fatwa* a été ensuite lancée par des responsables communautaires qui ont mis une cible sur la tête de Samuel Paty. Je considère que l'émoi provoqué par cette exécution fut relativement réservé au sein du corps enseignant, pourtant capable de se mettre massivement en grève pour protester contre la moindre réforme de l'Éducation nationale. Cela s'explique par l'idéologisation massive du corps enseignant, mais aussi par la peur qui habite ceux d'entre eux qui pensent différemment. Le manque de pluralité au sein de cette corporation est patent. C'est encore plus vrai à l'Université, comme en témoigne Emmanuelle Hénin dans le livre collectif qu'elle a dirigé, *Après la déconstruction.*

L'institution scolaire doit changer. Tout comme le reste des services publics, elle doit exiger des devoirs et pas seulement des droits. Sur le plan philosophique, il est nécessaire d'expliquer aux enfants, dès le plus jeune âge, la chance qu'ils ont de vivre dans un pays où l'école est gratuite et facilement accessible. Rappelons aussi aux parents d'élèves que si l'école est gratuite pour eux, elle ne l'est pas pour la collectivité et que ce coût nécessite un retour sur investissement. Or c'est un discours opposé qui est trop souvent tenu dans notre pays. Les droits sont considérés comme des dus, des acquis sans aucune contrepartie. Je n'accepte pas cette vision.

Lorsque cette nouvelle conception de l'École sera massivement partagée, nous devrons instaurer une politique de tolérance zéro envers les fauteurs de troubles et impliquer leurs familles. Si celles-ci se montrent défaillantes, il faudra les faire payer ou leur supprimer les aides sociales. Si ces familles sont en réelle difficulté financière, les structures sociales devront intervenir pour les accompagner. La France a les moyens d'agir en ce sens, si elle dépense avec plus de parcimonie les subsides sociaux et si elle cible les destinataires.

À la décharge de l'institution scolaire, la responsabilité des citoyens est énorme. La société ne cesse de dévaloriser ce qu'elle offre. L'éducation en a été la première victime car elle est gratuite, laïque et obligatoire. Les familles s'en sont remises à l'institution pour élever leurs enfants. Or, l'émancipation passe à la fois par la famille et l'école. C'est une logique marxiste de penser que l'école devrait et éduquer et instruire. Encore une idée de la gauche que de s'en remettre totalement à l'État pour les deux ! La famille doit éduquer et l'école instruire. Mais comme l'école est gratuite, pourquoi les parents s'impliqueraient-ils ?

Le concept de l'enfant-roi a tout détruit. Il ne faut pas brusquer l'enfant ou le contredire, le mettre au cœur du processus. Nous avons tant sacralisé l'enfant que celui-ci a pris le contrôle. Les parents sont devenus des consommateurs d'éducation – comme de soins médicaux, d'ailleurs – et exigent la qualité du produit, quitte à se plaindre si celui-ci ne leur convient pas.

Face aux enseignants, les parents prennent systématiquement la défense de leur progéniture, de telle sorte que les professeurs ne peuvent plus incarner l'autorité. Et, comme les parents ont abandonné cette responsabilité, le concept même d'autorité disparaît. La philosophie éducative est désormais axée sur le principe de l'épanouissement personnel. Or, le jeune qui ne trouve pas de limites à la maison va les chercher à l'école. Et s'il ne les trouve pas à l'école, il ira les chercher dans la rue avec la police. Pour en finir avec ce cercle vicieux, l'autorité doit s'exercer dès la maison. Si, comme dans nombre de familles monoparentales, le parent n'est pas en mesure de le faire, le jeune doit trouver ce cadre dans son établissement scolaire. Si ce n'est pas le cas, ce sera dans la rue, avec des conséquences bien plus graves. C'est l'avenir des jeunes et donc de toute la société française qui est en jeu.

La France n'est malheureusement pas un cas isolé. Des phénomènes similaires se retrouvent dans bien d'autres pays, notamment européens. La déliquescence s'étend sur une grande partie du continent. Après la guerre de 1939-1945, la construction de l'Union européenne est née de la volonté de ne plus jamais laisser se reproduire un tel conflit. Il a été décidé de faire tomber les frontières, de procéder à la libre circulation des biens et des personnes. Une logique qui a fini par briser le pouvoir de l'État. Par crainte d'un retour de la violence, nous avons créé les conditions de nouvelles formes de violence au sein d'États qui n'avaient plus les capacités de les empêcher. L'Europe a encouragé cette logique depuis soixante-dix ans. Nous avons perdu notre souveraineté au profit d'une organisation supranationale sans âme et sans nation. L'État ne peut plus rien, ou presque, car les gouvernements successifs ont accepté de s'en remettre à des autorités qui les dépassent. Dans un tel contexte, la gauche est devenue l'antichambre du fascisme : nombre de pays européens affaiblis basculent vers l'extrême droite et l'extrême gauche. Toutes les formes de radicalité font de l'Europe leur terrain de conquête : nationalisme, islamisme, wokisme. Pour leur résister, nous devons au plus vite sortir de ce que j'appelle la « gouvernance des Bisounours ».

Comment rétablir l'ordre public dans l'Hexagone ? La France est dans une telle situation de faillite morale que le processus sera long. Le pouvoir politique doit avoir le courage de proposer un projet de société auquel adhéreront les Français. Nous disposons d'un socle de valeurs qui perdure depuis l'époque des Lumières. Utilisons-le ! Réinstaurons l'enseignement de l'éducation civique dès le plus jeune âge en rappelant nos valeurs avec la même radicalité que les extrémistes religieux affirment les leurs. Rétablissons les liens entre la population et les institutions, notamment à travers le service militaire. Ouvrons le recrutement dans les administrations à tous les profils. Ouvrons le corps enseignant à des diplômés compétents dans leur domaine pour enrichir en les diversifiant les sources de transmission. Il est urgent de sortir du modèle jacobin pour tous ces corps de métier qui entretiennent un contact direct avec la population pour recréer du lien : l'école, l'armée, la haute fonction publique et la police.

New York a connu une longue période durant laquelle des quartiers entiers étaient devenus des zones de non-droit. La volonté politique a permis de mettre fin à cette situation. Pourquoi cela ne serait-il pas envisageable en France ? Pour qu'il nous soit possible d'appliquer la tolérance zéro, l'État doit lui-même devenir vertueux.

Un courant général de « moralisation » doit s'imposer. Les moyens juridiques existent : la police obéit à une doctrine d'intervention et un cadre légal. Jusqu'à aujourd'hui, c'est aux fonctionnaires de police de prouver qu'ils sont en état de légitime défense en cas de décès lors d'une intervention. Il faut inverser la charge de la preuve et instaurer une présomption de légitime défense pour les forces de l'ordre. Charge au délinquant ou à la victime de démontrer qu'il n'y avait pas de légitime défense. La gauche rétorquera que cela reviendrait à instaurer un permis de tuer, mais le processus doit être accompagné d'une obligation pour les policiers de porter des caméras lors des interventions afin de limiter les risques de dérive. Je pense même que les bavures présumées qui ont défrayé la chronique en 2023, comme l'« affaire Nahel », sont justement la conséquence de l'impuissance et de la frustration de la police, et non de sa force. Le sort qui a d'ailleurs été réservé au policier qui a tiré est un scandale qui ressemble à de la justice d'exception. Débattre du fait qu'il était personnellement ou non en état de légitime défense est une hérésie, car, s'il ne l'était pas, la société qu'il protège, elle, l'était, et cela aurait dû suffire à justifier son geste. Je regrette profondément la mort de ce jeune, mais, à choisir entre lui et un enfant qui traverse pour aller à l'école, il n'y a pas d'hésitation.

Notre société étouffe de consanguinité et d'enfermement. Elle a besoin d'être aérée. L'armée est une formidable machine à niveler par le haut : elle apporte un cadre, un but, un ordre, une discipline, des connaissances, des formations, des diplômes, de la sociabilisation, une utilité sociale. Le service militaire représente un juste retour de ce que la société nous a donné : après une école et des soins gratuits, le citoyen donne en échange un an de sa vie à son pays. Un « usager » des services publics devient ainsi un véritable acteur de son destin et de l'avenir de la société. Je propose de remettre l'humain au cœur de la machine sociale, d'offrir au citoyen le moyen de redevenir un acteur au service de l'État et non un simple bénéficiaire redevable.

Il en va de même pour les prisons. Le milieu carcéral souffre du même problème inextricable. Si l'on considère que la peine de mort est inacceptable, on continue de punir les condamnés en ne leur accordant aucune chance de se réinsérer. C'est presque pire. Ce système est dogmatique. Quand quelqu'un commet un crime, il doit payer sa dette. Il est cependant nécessaire de penser dès son premier jour d'emprisonnement à son retour au sein de la collectivité. Malgré la colère naturelle que l'on ressent envers les détenus en raison de leurs actes, nous avons conscience que la plupart d'entre eux sortiront un jour de prison. Nous sommes déchirés entre la volonté de punir et l'obsession du droit de la défense. La France compte 65 % de récidive à la sortie de prison. Cela veut dire quelque chose. Les pouvoirs publics n'ont pas le courage de changer le système en repartant de zéro.

Quelle est l'utilité sociale de la prison ? Celle-ci représente un énorme coût, mais aucun investissement. Il suffit d'observer l'état de nos établissements pénitentiaires. Le coût des prisons étant à la charge de l'État, la question de l'utilité collective se pose. Pourquoi continuer de subir un coût improductif ? Il existe un blocage psychologique qui empêche d'investir de l'argent pour les prisonniers, mais à long terme nous le payons bien plus cher. Comme toujours, pour faire passer la pilule de leur incurie et maintenir une illusoire paix sociale, les pouvoirs publics tolèrent de nombreux dysfonctionnements, telle la circulation de drogue et de matériel électronique dans les établissements. Cette logique étrille notre pays.

« La France n'est pas le pays des droits de l'homme, mais plutôt le pays des déclarations sur les droits de l'homme. » Cette phrase, postée sur Facebook par un militant communiste, m'a fait bondir. J'ai aussitôt réagi en défendant bec et ongles mon pays, celui que je qualifie en permanence de «plus beau du monde». Le patriote que je suis aime la France, son modèle social qui tente de ne laisser personne au bord du chemin, son système de santé fondé sur la solidarité nationale, qui permet même aux plus pauvres d'être soignés décemment, son modèle éducatif qui offre aux plus modestes la possibilité de devenir médecin ou avocat sans avoir à débourser des centaines de milliers d'euros comme aux États-Unis. Oui, j'admire mon pays. À tel point que j'ai probablement été aveuglé. Je n'ai pas voulu voir l'envers du décor, tel un enfant qui refuse de reconnaître que sa mère n'est peut-être pas l'être idéal qu'il imagine. La pandémie de Covid-19 a balayé une partie de mes illusions. Alors que je me plaignais du confinement, une amie m'a réprimandé: «Comment oses-tu te lamenter, alors que tu es confiné dans les meilleures conditions possibles?» J'ai failli culpabiliser. J'ai toutefois compris que le plus grand défi du confinement n'était pas de rester enfermé, mais de se retrouver seul avec soi-même. Nous multiplions les activités car nous avons peur de cette confrontation avec soi. J'ai compris cela grâce au confinement.

Lors de cette période, un appel téléphonique est venu bousculer mes certitudes. Tout a commencé par un message: «Fabrice, puis-je t'appeler? Je ne dors plus et je ne mange plus depuis que j'ai appris ce qui se passait à la prison de Grasse!» Cet appel provenait d'une infirmière du Sud. En plus d'exercer un métier déjà très utile, elle consacre son temps libre à aider les familles de détenus dans la détresse. Du fait du confinement, nous prenions plus que jamais conscience de ce que représente la privation de liberté. J'ai pris le temps de l'écouter et ce que j'ai entendu m'a glacé le sang.

Je précise que ce que je vais rapporter provient de la version des détenus : celle-ci doit être considérée au conditionnel et confrontée à celle de l'administration. L'ancien magistrat que je suis connaît l'importance du principe du contradictoire. J'ai donc décidé d'écrire une tribune[1]. Celle-ci n'avait pas pour vocation d'accuser l'administration pénitentiaire, et encore moins son personnel, dont je connais la dureté de la tâche. Je souhaitais m'appuyer sur ces témoignages afin d'attirer l'attention sur ces oubliés de la République que sont les détenus. Libre à la garde des Sceaux de diligenter une enquête pour vérifier les allégations qui m'avaient été rapportées. Je souhaite que notre pays se saisisse enfin de ce sujet, révélateur de la manière catastrophique avec laquelle la France gère ses problèmes en général (pas seulement celui de la détention), de façon désorganisée, sans aucune projection ni stratégie.

Je reprends les propos de mon interlocutrice : la trentaine de détenus avait droit à trois sessions de douche d'une heure par semaine. Ils la prenaient à 7 heures du matin par série de huit en passant deux par deux, sans aucune distanciation. Tous les détenus devaient passer en quarante-cinq minutes, certains retournaient en cellule avec du shampoing sur la tête car l'eau était coupée à l'heure pile. Au lieu d'effectuer ce qu'on appelle des « fouilles à l'ordinateur » (cellules choisies aléatoirement par un logiciel, pour éviter l'arbitraire), les inspections étaient constantes, dès 6 heures du matin. Huit surveillants fouillaient partout dans la cellule, tandis que le détenu était placé à l'écart sans même une bouteille d'eau. Après la fouille, un laps de quarante-huit

1. « Covid-19 : la France des Lumières s'arrête-t-elle aux portes de la prison de Grasse ? », *L'Opinion internationale*, 16 avril 2020.

heures à une semaine était nécessaire pour remettre la cellule en état. Les surveillants ne portaient ni masques ni gants, mettaient les détenus à nu et les palpaient sans protection. Des cas de brutalités ont été relatés. Depuis la loi du 24 novembre 2009, les fouilles à nu sont pourtant interdites. À la prison de Grasse, ces vieilles méthodes semblaient rester d'actualité : chaque détenu était systématiquement fouillé à nu après le parloir ou au retour de permission.

Dans le cadre légal, les prisonniers ne peuvent être mis à nu qu'en l'absence de moyens de détection électroniques, tels que les portiques, ce qui n'est pas le cas de l'établissement de Grasse. Des détenus travaillaient dans des ateliers pour des salaires de misère car ils n'avaient pas d'aide de l'extérieur. S'ils revendiquaient quoi que ce soit, ils étaient menacés d'être renvoyés. En pleine crise sanitaire, alors que les parloirs étaient interdits, Nicole Belloubet, garde des Sceaux, octroya à chaque détenu un crédit de 40 euros pour téléphoner à sa famille. Cette circulaire n'était apparemment pas parvenue jusqu'à la prison de Grasse, qui refusait ce droit à de nombreuses personnes incarcérées. Concernant le linge, les détenus avaient accès à une machine à laver tous les quinze jours. En comparaison, à la prison de Luynes, des machines à laver avaient été installées à chaque étage depuis le début de la crise. Une heure de promenade quotidienne était autorisée, souvent réduite à quarante-cinq minutes, le temps de réunir les détenus. Ceux-ci étaient donc enfermés plus de vingt-trois heures sur vingt-quatre, et plus de deux jours continus s'ils n'avaient pas pu bénéficier de la « promenade ».

Face à cette maltraitance physique et psychologique grandissante, certains détenus envisageaient le suicide. Pour des raisons sanitaires, aucun transfert d'une prison à l'autre n'était possible, mais l'administration changeait les détenus de cellule comme bon lui semblait, alors que plusieurs cas de Covid avaient été détectés (et, semble-t-il, non déclarés à l'administration centrale). Les détenus préféraient d'ailleurs cacher leurs symptômes, de peur que leurs conditions de détention ne s'aggravent. Il semblerait aussi que la quantité de nourriture fournie était inférieure à ce qui était prévu. Dans toutes les prisons, il existe une forme de solidarité. Si un détenu n'a ni revenus ni famille pour l'aider, les autres lui envoient par les fenêtres des «yoyos» avec de la nourriture ou du tabac. Les surveillants coupaient tous les soirs ces «yoyos» pour empêcher cette solidarité de s'exercer.

Le 16 mars 2020, lors d'une allocution télévisée, le président de la République a annoncé que le confinement serait mis en place à midi le lendemain. Les familles des détenus se sont présentées à 8 heures, comme d'habitude, mais les parloirs leur ont été refusés, alors que le confinement ne devait pourtant débuter que quatre heures plus tard. Les détenus et leurs proches étaient désemparés.

Nous avons raccroché avec amertume. Très affecté par ce que je venais d'entendre, je décidai de contacter un ami qui connaît bien l'administration pénitentiaire, pour y avoir travaillé. C'est à ce moment précis que mes illusions se sont envolées. Rien de cette situation révoltante ne lui parut anormal. À ses yeux, ma description était conforme à la dramatique situation carcérale française, avec sans doute un peu de zèle de la part de l'administration de Grasse. Mon interlocuteur communiste sur Facebook avait donc raison. Qui aurait cru que le partisan d'une droite forte, l'obsédé de l'ordre public que je suis, dirait un jour cela? Je dois pourtant l'avouer:

en découvrant la situation de la prison de Grasse, j'ai eu le sentiment que la France n'était que le pays des déclarations sur les droits de l'homme.

La crise du Covid-19 a agi comme un révélateur de ce qu'il y a de meilleur en nous, mais aussi de pire. Certains ont décidé de dénoncer leurs voisins, d'autres de résister, de s'élever pour penser à l'après. Envisager l'avenir consiste à repenser notre système pour aligner enfin la réalité sur les ambitions et les valeurs. Cette ambition passe par une refonte de la manière dont nous abordons les questions sociétales. Puisque l'État semble bien plus fort pour imposer la loi au secteur privé qu'il ne l'est pour la faire respecter en son sein, privatisons les prisons ! Concluons des partenariats public-privé (PPP) avec à la clé le lancement d'un grand programme de construction de lieux de détention. Lançons de grands chantiers de rénovation impliquant des entreprises locales du bâtiment pour dynamiser l'activité économique. Employons les détenus pour rénover leur prison sous la supervision de professionnels, ce qui aurait également comme vertu de leur apprendre un métier dans l'optique de leur reconversion. Privilégions les peines alternatives et socialement utiles comme les TIG (travaux d'intérêt général). Revalorisons le statut des surveillants pénitentiaires, en particulier leur rémunération. Donnons-leur les moyens de travailler décemment et reconnaissons la pénibilité de leur métier. Mettons en œuvre des systèmes d'incitation à l'embauche des anciens détenus afin d'éviter la récidive. Expulsons les délinquants et les criminels étrangers en les renvoyant dans leur pays d'origine, au lieu de les laisser gonfler la population carcérale déjà en surnombre. Nous manquons de CPIP (conseillers pénitentiaires d'insertion et de probation), dont la fonction est pourtant essentielle.

Faisons comme l'armée et créons un « corps » de réservistes citoyens désirant s'impliquer dans la réinsertion de prisonniers. Légalisons le cannabis et consacrons une partie des recettes fiscales à la prévention de la délinquance, la réinsertion des anciens prisonniers et la rénovation des lieux de détention. Dotons-nous d'une véritable politique de lutte contre la délinquance juvénile, afin de traiter le problème à la racine. Soumettons les subsides sociaux à des conditions éducatives plus strictes. Rétablissons l'autorité à l'école, au collège en particulier.

J'ai énuméré pêle-mêle quelques idées, dont certaines avec lesquelles je ne suis même pas d'accord, pour démontrer à quel point le champ des possibles est illimité pour qui veut se montrer créatif et se projeter, plutôt que de rester le nez dans le guidon. Les détenus ne sont certes pas des enfants de chœur pour la plupart (rappelons tout de même qu'une proportion d'innocents se trouve en prison, notamment dans le cadre de la détention provisoire), mais c'est le devoir d'une société démocratique de traiter avec dignité même ceux qui se sont rendus coupables du pire. C'est précisément pour cela que je suis contre la peine de mort. J'abhorre l'idée que l'arbitraire puisse décider qui doit vivre ou mourir.

La France se prétend le pays des Lumières. Qu'elle le prouve en assurant même aux plus turbulents de ses enfants le respect de la dignité sans lequel l'humanité dont elle se targue n'est qu'un déclaratif vide de sens, tel un corps sans âme. Voilà ce que je propose pour mon pays : bienveillance et fermeté. Je déteste la sévérité pour la sévérité et le déterminisme avec lequel une partie de la droite nationale traite ces sujets de société dans notre pays. C'est pour cette raison que je n'ai jamais rejoint ce camp politique, malgré de multiples sollicitations.

9

Islam : un grand malentendu qui met la République en péril

Il ne s'agit pas de hurler avec les loups ou d'écrire un énième texte sur l'islam. Tant de choses, dont beaucoup de contrevérités, ont déjà été proférées ! Si la problématique autour de l'islam revêt à mes yeux une haute importance, c'est parce qu'elle restitue un précipité du grand malentendu français. La question de l'islam appuie sur le point névralgique de la République, depuis que certains ont décidé de faire du relativisme culturel leur armature intellectuelle. Cette attitude est symptomatique de l'ignorance qui frappe une partie de nos concitoyens, y compris parmi les élus. Il y a quelques années, j'ai publié deux tribunes : l'une sur le Lepoint.fr, intitulée « Nous sommes tous des Français musulmans[1] », l'autre sur Nouvelobs.fr, intitulée « Pour sauver la République, cette focalisation sur l'islam doit cesser[2] ». En 2012, la campagne présidentielle a provoqué en moi un sentiment de révolte devant la manière dont les responsables politiques instrumentalisaient le sujet de l'islam, qu'ils agitaient tel un chiffon rouge. Le point d'orgue avait été atteint lors d'un débat Sarkozy-Le Pen, au cours duquel les

1. Voir Annexe 1, p. 229.
2. Voir Annexe 2, p. 232.

échanges s'étaient en partie focalisés sur la nourriture halal. La France croulait pourtant sous des problèmes bien plus graves.

Mon propos est sans équivoque : je ne remets pas en cause la religion, mais les religieux. La religion est comparable à un outil : elle n'est que ce qu'on en fait. Une clé à molette peut servir à réparer un moteur et créer de la valeur autant qu'à tuer quelqu'un en lui mettant un coup sur la tête. La religion peut aussi bien servir à moraliser les conduites individuelles qu'à oppresser les masses. Le problème – j'insiste – n'est donc pas la religion mais les religieux. J'inclus dans cette catégorie les satrapes d'une laïcité transformée en religion contre la religion. Par quel curieux phénomène en sommes-nous arrivés à transformer la « tolérance » en une arme qui finit par restreindre la liberté de penser ? Sous couvert d'un prétendu humanisme, la gauche intellectuelle et militante s'est arrogé le droit de débattre, confisquant la pluralité de la pensée pour la réduire à un dogme. Nous sommes face à un idéal totalitaire sclérosant le libre arbitre.

Ce glissement vers une vision unique de la société a dévoyé toute interprétation possible de notre mémoire collective, notamment en légiférant sur des lois mémorielles, en entravant la capacité des historiens à exercer pleinement leur métier. Le « devoir de mémoire » a été réduit à une concurrence victimaire.

Ce « prêt-à-penser » a enfanté ce que j'appelle le « génocide ordinaire de la liberté de penser ». En brandissant sans cesse le racisme, la xénophobie, l'antisémitisme et l'islamophobie, le « camp du bien » a créé un emballement mortifère de notre société : chaque fait d'actualité doit être passé au crible sous le prisme de la bien-pensance. Ainsi s'organise la récupération politique et communautaire, au profit d'une doxa humaniste qui divise notre société. Le débat s'est transformé en impasse. Cette intelligentsia idéologique milite pour l'épuration du pluralisme. L'ampleur des dégâts se mesure à l'échelon local. Le clientélisme politique, terreau de l'islam politique, a contribué dans certaines villes à l'échec d'intégration de la communauté musulmane, dont la victimisation permanente par la gauche constitue une garantie électorale.

Pour avoir dénoncé cette collusion il y a des années, l'ancien président de SOS Racisme, Malek Boutih, a été placardisé et réduit au silence au sein du Parti socialiste, qu'il avait rejoint. Il en a été de même, plus tard, pour l'ancien ministre de l'Éducation nationale Jean-Michel Blanquer, seul poids lourd du premier mandat d'Emmanuel Macron à ne pas avoir été reconduit lors du second. Son crime : avoir dénoncé les atteintes à la laïcité au sein des établissements scolaires. Il fallait donc l'offrir en sacrifice expiatoire à la gauche. Le choix de son remplaçant suffit à étayer ce point de vue. À peine nommé, Pap Ndiaye s'est empressé de redéfinir le périmètre d'intervention du Conseil des sages de la laïcité, afin de le diluer. Mickaëlle Paty, la sœur de Samuel Paty, et Jean-Pierre Sakoun, le président d'Unité laïque, s'en sont inquiétés, sans grand retentissement. On peut discerner toute l'hypocrisie politique du gouvernement qui, tout en affirmant son attachement à la laïcité, était en train de la démanteler là où c'est le plus préjudiciable, c'est-à-dire à l'école. Mais sait-on encore réellement ce qu'est la laïcité ? À quel point est-elle le meilleur atout pour combattre le séparatisme ?

Je ne me résous pas au défaitisme. Je veux croire que la France peut revoir les Lumières au bout du tunnel.

Si nos dirigeants sont empêtrés depuis des décennies dans les débats autour de l'islam, c'est parce qu'ils abordent des sujets comme le voile ou le burkini par le mauvais côté. Ils fournissent ainsi le bâton pour se faire battre. Nul besoin d'être constitutionnaliste pour comprendre que le fondement de la laïcité est inopérant, voire contre-productif. Commençons par (re)définir ce qu'est la laïcité : elle est la neutralité absolue des pouvoirs publics en matière religieuse, afin d'assurer la liberté de conscience à chaque citoyen. Elle a été établie au début du siècle précédent pour lutter contre la prédominance du catholicisme, religion alors ultramajoritaire dans le pays. Son objectif était de ne pas laisser l'idéologie religieuse – par nature conservatrice – freiner le progrès, ainsi que l'expression libre des autres formes de conscience, qu'elles soient politiques ou religieuses.

Dans ce contexte, on comprend que l'interdiction d'une tenue à connotation religieuse dans l'espace public est une hérésie qui va à l'encontre du principe de laïcité. Il est donc facile pour les islamistes de retourner l'argument, tel un judoka qui utilise la force de son adversaire pour remporter la victoire. Les islamistes se vantent d'ailleurs souvent d'utiliser les ressorts de la démocratie contre elle-même. Le port de signes religieux ostentatoires est une expression de la liberté individuelle : lutter contre au nom de la laïcité apparaît donc logiquement contestable. En réalité, ce n'est pas le voile qui pose un problème en soi, mais son instrumentalisation : il est l'étendard d'une idéologie politique contraire aux valeurs de la République.

Expliquons objectivement ce qui rend ce sujet si épineux. L'islam est une religion exclusive qui incite à l'orthopraxie. Plus qu'une religion, c'est une identité, un système politique qui prône la prééminence du groupe (la Oumma) sur l'individu. Or, dans nos sociétés occidentales démocratiques, c'est l'individu qui prime le groupe auquel il appartient ou est censé appartenir. L'émancipation de l'individu fut même l'idée centrale de la philosophie des Lumières. Cette opposition conceptuelle rend très difficile la cohabitation entre ces deux systèmes.

Depuis des décennies, sous l'influence d'États et de mouvements religieux, une partie des musulmans qui vivent en France se sont convertis à cette version politique et conquérante de l'islam. Ces adeptes rigoristes d'une idéologie islamiste tentent chaque jour de grignoter du terrain en s'attaquant aux fondements de notre démocratie par des offensives dirigées contre l'égalité hommes-femmes, la liberté de conscience, la lutte contre l'antisémitisme et l'homophobie. Ils brandissent un étendard : le voile et tous ses dérivés.

Ce qui rend ce sujet si difficile à aborder tient au fait que de très nombreuses femmes musulmanes portent le voile avec sincérité et sans volonté de participer à cette lutte politique. Toutes ces femmes servent ainsi d'otages et de boucliers humains aux extrémistes. Impossible d'attaquer ces derniers sans toucher à ces mères ou grands-mères qui ne font que perpétuer une tradition culturelle de pudeur, que l'on n'a pas plus à juger que le choix de porter une minijupe ou un monokini. La nécessité de lutter contre l'irruption du religieux dans la sphère publique et politique ne s'applique d'ailleurs pas seulement à l'islam. On constate aujourd'hui à quel point l'influence des partis religieux est délétère en Israël, où ils se mobilisent pour une révision institutionnelle qui sonnerait la fin de la séparation des pouvoirs et donc de la démocratie. Aux États-Unis, les droits fondamentaux des femmes à disposer de leur corps reculent également sous l'influence des Églises évangélistes.

Pour contrer les tenants de l'islam politique en France, ce n'est donc pas la laïcité qu'il faut invoquer. Il est nécessaire de défendre de manière résolue l'universalisme des Lumières. Nous devons l'imposer comme un préalable non négociable à tous ceux, musulmans ou non, qui souhaitent vivre en France et bénéficier de la solidarité nationale. Il faut lutter pied à pied contre le relativisme délétère de la gauche, contre ce multiculturalisme qui a conduit à la fragmentation d'une société française que la République avait réussi à unifier après des siècles de divisions. Il est impératif d'imposer un nouveau contrat social basé sur l'adhésion sans réserve au socle de valeurs universelles, en échange de tous les avantages qu'offre le fait de vivre dans ce pays. Il convient de rappeler que – contrairement à ce qui est souvent admis – nous ne vivons pas sous l'empire de la démocratie gréco-romaine, qui était par nature très excluante.

Le merveilleux modèle qui permet à la France de connaître une telle pluralité religieuse est rendu possible grâce à une démocratie issue des valeurs chrétiennes. C'est seulement le modèle institutionnel qui est inspiré des démocraties de l'Antiquité. Admettons enfin cette réalité : nos principes démocratiques trouvent leur origine dans la civilisation judéo-chrétienne, à travers la séparation des pouvoirs temporels et spirituels. « Rendons à César ce qui est à César et à Dieu ce qui est à Dieu », répondit Jésus aux pharisiens venus le questionner sur la question de l'impôt à payer à l'empereur romain. Les exégètes des Évangiles ont depuis identifié un levier doctrinal pour justifier la séparation de l'Église et de l'État, « séparation » ne signifiant pas « divergence » pour autant, selon Axelle Partaix[1].

Tout système – le nôtre compris – a le droit et le devoir de se défendre, surtout s'il incarne un progrès acquis de haute lutte. J'exhorte nos dirigeants à réaffirmer les valeurs sur lesquelles est fondé le système politique français. Aucune autre ne peut s'imposer dans notre pays. Vous parviendrez ainsi à lutter plus efficacement contre le problème du burkini sans stigmatiser ceux de nos concitoyens qui vivent leur islam en conformité avec les lois et la philosophie de la République. Le piège de la division sera évité. J'ai conscience qu'il s'agit d'une ligne de crête, mais c'est l'unique chemin pour accéder à l'harmonie à laquelle aspirent les Français dans leur ensemble.

J'ai vécu avec des chrétiens et des musulmans. Nous connaissons nos cultures respectives, les partageons, les respectons. Je comprends naturellement la vision des autres communautés. Nous nous apprécions mutuellement car nous savons nous écouter. Nous sommes donc hermétiques aux théories complotistes, aux défiances et aux méconnaissances qui fomentent le conspirationnisme et le racisme. Comment, en trente-cinq ans, avons-nous pu passer de ce que je vivais à Sarcelles ou au lycée Voltaire à la situation actuelle ? De la coexistence fraternelle à la haine palpable ? J'ai beaucoup réfléchi à cette question car elle me hante. Ce gâchis me torture, me prend aux tripes. Je veux démonter la mécanique qui nous a conduits à cette situation car, tant que nous n'en aurons pas compris les ressorts, nous ne réglerons rien.

---

1. Ces expressions qui ont une origine biblique : "rendre à César ce qui est à César" », Aleteia.com, 27 décembre 2019.

Nous avons progressivement renoncé à l'ordre républicain dans des quartiers, des villes, des lycées. Cela a généré une séparation de fait des populations, une ghettoïsation, une perte de la connaissance mutuelle qui est pourtant la meilleure garantie d'une coexistence pacifique. En acceptant le communautarisme, nous avons provoqué une division de la population, un exode urbain de classe, de caste, de croyance. Des menus de substitution polémiques à la cantine à l'utilisation du halal comme outil de propagande électorale, le chemin semblait logique. Les Français ont instauré la détestation de soi comme un passage obligatoire pour se faire accepter de l'autre. En échange, il fut exigé que l'autre fît de même en se niant pour s'assimiler. Quelle idée funeste ! Que pouvait-on tirer de bon d'une double négation destinée à instaurer un nihilisme ? Comment ces apprentis sorciers ont-ils pu imaginer l'émergence d'une nouvelle identité ? Nos compatriotes musulmans (et plus globalement tous les Français) sont pris en otage entre des prédicateurs extrémistes d'un islam politique séparatiste et des identitaires qui se fourvoient en dévoyant la laïcité en outil d'oppression sur une minorité.

Sur quoi peut-on définir la notion d'intégration et d'identité en 2023 ? D'où vient l'échec de la fraternité ? Une société qui se contraint à nier ses valeurs chrétiennes et qui oblige l'arrivant à nier les siennes ne se tire-t-elle pas une balle dans le pied en renonçant à la richesse de la diversité ? Je le crains. Cette façon de penser a conduit à une déshérence spirituelle et idéologique. Plus on est fier de ses origines et de son patrimoine culturel, mieux on s'intègre. Exiger l'assimilation en lieu et place de l'intégration fut une erreur fatale.

Le clientélisme politique est devenu une idéologie prospère. Les communistes sont en partie responsables de cette désintégration républicaine, au profit du communautarisme victimaire qu'ils subventionnent et qu'ils encouragent, sous couvert d'humanisme. Les écologistes et La France insoumise leur emboîtent le pas, faisant même pire en ajoutant une obsession des thématiques sociétales aussi ridicule que pernicieuse et contre-productive. Les indigénistes, encouragés par une gauche repentante, en font leur fonds de commerce. Ils se sont mis en tête de demander des réparations. Mais des réparations de quoi ? Et pourquoi culpabiliser aujourd'hui ceux qui n'ont rien à voir avec les malheurs passés ? Est-ce le bon moyen de faire nation ? Quelle intention cela dissimule-t-il ? Quand les députées Danièle Obono et Rachel Keke, de La France insoumise, ou Sonia Krimi, d'En Marche !, hurlent au racisme d'État, on se demande si elles se sont regardées dans un miroir. Elles sont justement la preuve que la France n'est pas raciste ! D'origine tunisienne, Sonia Krimi était à peine naturalisée lorsqu'elle fut élue députée. On ne l'a d'ailleurs pas entendue sur les dernières déclarations racistes du président tunisien, qui impose un enfer sur terre aux immigrés d'Afrique subsaharienne. L'ancienne ministre Najat Vallaud-Belkacem, que j'apprécie par ailleurs, est toujours prompte à dénoncer les discriminations en France. Elle est en revanche bien plus silencieuse sur le traitement réservé aux Noirs dans les pays du Maghreb en général et au Maroc en particulier. Cette géométrie variable recèle la contradiction des approches révisionnistes de notre histoire.

Lorsque la journaliste engagée à gauche Audrey Pulvar est injustement attaquée au sujet de la pédophilie de son père, il est clair qu'elle ne peut être associée de près ou de loin aux actes reprochés. De fait, elle et ses alliés doivent admettre que les générations actuelles ne sont pas responsables des actes des générations précédentes. Ce qui est en totale contradiction avec l'acharnement de cette même gauche à vouloir faire porter aujourd'hui le poids du colonialisme aux Français. Il est tout aussi intolérable d'associer Audrey Pulvar à la pédocriminalité supposée de son ascendant que d'accuser certains de nos compatriotes d'être des suppôts du colonialisme. Si certains crimes perpétrés par d'anciens gouvernements, comme les massacres du 17 octobre 1961 contre les manifestants algériens de Paris, doivent être reconnus, c'est pour apaiser et réconcilier, non pour exciter la rancœur. Il faut en finir avec les tentatives de culpabilisation et recontextualiser les événements du passé. La folie wokiste qui consiste à déboulonner les statues et égratigner les symboles est sciemment orchestrée pour effacer les traces de notre histoire afin de la réécrire.

Il convient d'insister sur un exemple particulièrement illustratif. Depuis plusieurs années, des mouvements indigénistes tentent de discréditer Jean-Baptiste Colbert en raison de son implication dans la rédaction du Code noir. Ce code fut établi pour régir la place des individus noirs, essentiellement esclaves, dans la société française au XVIIe siècle. À travers le prisme contemporain, il est indéniable que ce texte comporte des passages très choquants. Mais si l'on recontextualise, ce code apportait pourtant une «amélioration» à la condition des Noirs, auparavant livrés à la volonté exclusive des Blancs, sans restriction ni règlement. Nul besoin d'encenser Colbert pour reconnaître qu'il fut un personnage important de notre histoire. Déboulonner ses statues serait une erreur.

Il est d'ailleurs intéressant de noter que l'article Ier du Code noir stipule : « Voulons que l'édit du feu Roi de Glorieuse Mémoire, notre très honoré seigneur et père, du 23 avril 1615, soit exécuté dans nos îles ; ce faisant, enjoignons à tous nos officiers de chasser de nos dites îles tous les juifs qui y ont établi leur résidence, auxquels, comme aux ennemis déclarés du nom chrétien, nous commandons d'en sortir dans trois mois à compter du jour de la publication des présentes, à peine de confiscation de corps et de biens. » Pourtant, aucun juif n'a jamais demandé le déboulonnage d'une statue de Colbert. Dans le même registre, je sers avec fierté dans la gendarmerie, alors que quatre-vingts ans auparavant cette institution collaborait avec les nazis.

Analyser la démarche de ceux qui s'autoqualifient de « décoloniaux » ou d'« indigénistes » nécessite de s'intéresser avant tout à leurs intentions. Celles-ci ne sont clairement pas de construire une société française meilleure. À force de vivre dans l'amalgame, on en est souvent victime. Personne n'échappe à cette règle. C'est ce que vit la « communauté » musulmane. En criant à la stigmatisation, elle n'a pas saisi que la véritable menace ne réside pas dans le regard que la société porte sur elle, mais dans les actions que certains des siens sont en train de planifier, en l'y associant malgré elle.

Le rêve d'uniformisation de la société est une idée de gauche axée sur des valeurs artificielles. Dans les années 1980, la philosophie assimilationniste se résumait à une démarche où la France reniait son identité catholique et demandait au nouveau venu de se nier en tant que musulman. Cette lubie égalitariste avait pour vocation de créer une nouvelle identité. Cette vision me paraît néfaste. Ce n'est pas forcément mieux à droite : en réaction, elle a construit le fantasme de l'« identité héréditaire », quasi génétique. Or, s'il y a bien une composante qui n'existe pas dans la construction de la société française, c'est la notion de « souche ». Notre pays possède un socle, une fondation, mais pas de souche au sens jardinier ou terrien du terme. Je ne suis pas Français parce que je descends des Gaulois, mais parce que j'adhère à un récit national et collectif. J'adhère à la France, à sa langue, son histoire et la manière dont elle s'est construite. Je suis un amoureux de la France des églises et des clochers. Plus que quiconque, je souhaite que soit préservé tout ce qui fait sa beauté et sa spécificité.

En 2007, Nicolas Sarkozy établissait le bon constat : il existe un problème d'identité dans notre pays. Mais lorsqu'il crée, une fois élu président, le ministère de l'Identité nationale et de l'Immigration, il commet deux erreurs : lier les deux sujets et considérer l'identité comme héréditaire. Cette notion nous relie au droit du sol et au droit du sang. En France, le sol prévaut. Contrairement à l'Allemagne, on peut naître français ou devenir français. Preuve que le sujet est décalé : Éric Zemmour n'a obtenu que 7 % à la présidentielle de 2022 et aucun député lors des législatives qui ont suivi. Les Français ne sont pas obsédés par les questions identitaires.

Nous nous sommes laissé complexer par un camp politique qui a imposé l'idée d'une France à la culpabilité immanente. Ce même mouvement réussit l'exploit de lutter pour l'abattage des croix qui jalonnent nos routes et l'interdiction des crèches de Noël dans les mairies, tout en militant pour le burkini.

Cela pose la question de l'avenir du multiculturalisme en France et à travers le monde. Prenons le cas des États-Unis et du Royaume-Uni. Ces deux modèles n'ont pas fait que des heureux : l'idée qu'un pays puisse être un millefeuille de communautés qui vivent côte à côte, au mieux dans l'indifférence, au pire dans la haine, montre de vraies limites. En France, nous possédions un système merveilleux : un socle de valeurs républicain. Solidarité nationale, partage et universalisme des lumières permettaient d'offrir sa chance à chacun, contrairement aux deux autres systèmes qui reproduisaient les inégalités. Dans cette optique, la langue est essentielle pour comprendre la pensée d'une société. Aux États-Unis, il est possible de parler espagnol toute sa vie, mais cela ne favorise pas la pérennité du système où chacun peut s'épanouir.

Existe-t-il un islam des États-Unis ou du Royaume-Uni ? Non. Après quoi court-on alors avec l'éternelle arlésienne d'un « islam de France » ? Ce concept est à l'origine du communautarisme qui fragilise notre pays. La France s'est efforcée de calquer un modèle conceptuel en tordant la réalité pour l'y faire entrer. L'islam est une religion plurielle, avec des influences étrangères, des pays d'influence, différents courants. C'est devenu un jeu de dominos : il y a l'islam marocain, soufi, sénégalais, turc, wahabite, frériste. Sa diversité rend impossible sa fédération autour d'un seul corpus. Chaque tentative en ce sens a échoué. Il en va de même chez les évangélistes américains : il existe des dizaines de courants et, aux États-Unis, on a compris qu'il ne servait à rien de désigner un chef. En France, nous avons choisi les représentants les plus bruyants, les plus visibles, c'est-à-dire les plus extrémistes. En créant le Conseil français du culte musulman (CFCM) sous la présidence de Nicolas Sarkozy, on a indirectement favorisé les Frères musulmans. Peu d'acteurs religieux ont reconnu le CFCM, et celui-ci n'a aucune influence. Il n'est jamais devenu cet interlocuteur privilégié que l'État espérait. Je crois beaucoup aux mouvements naturels : il aurait été plus judicieux de laisser leur liberté aux cultes et d'imposer uniquement un cadre de base non négociable. Tant que les courants religieux sont dans la loi, on les respecte. S'ils ne le sont pas, on les sanctionne.

Tout cela est lié à une très mauvaise lecture du monde arabo-musulman, que l'on observe d'un regard ethnocentré, en calant notre point de vue sur un modèle de société différent du nôtre. Les Américains et les Britanniques ne cherchent pas à l'adapter à leur société : tant que ceux qui en sont issus respectent les valeurs du pays, ils sont libres. En France, nous sommes confrontés à un défi avec la laïcité, ce qui n'est pas le cas aux États-Unis où un relativisme existe de fait. En France, la moindre approche est guidée par l'universalisme des Lumières ; mais, dès que nous sommes confrontés à un environnement massif remettant en cause notre système et cherchant à imposer un autre système politique qui n'admet pas la concurrence, un conflit survient.

L'erreur originelle fut d'aborder l'islam sur le plan religieux, alors qu'il faut l'analyser sous l'angle politique. Il est urgent de mieux contrôler ceux qui enseignent l'islam en France. Nous avons longtemps fait appel à des imams venus de l'étranger. La formation actuelle de nouveaux imams au Maroc représente d'ailleurs un important progrès. De même pour le financement des lieux de culte : au nom de la laïcité, l'État ne pouvait financer des espaces de prière. Et l'aumône des croyants ne suffisait pas, jusqu'à aujourd'hui, à financer la construction de lieux de culte.

En février 2023, Emmanuel Macron a dissous le CFCM pour le remplacer par le Forum de l'islam de France, comme il l'avait annoncé dans son discours des Mureaux sur l'islamisme. L'objectif était de prendre des distances avec les influences étrangères, de former des cadres nationaux et de réformer le financement du culte. Il s'agissait d'une traduction des réflexions insufflées par l'Élysée depuis 2017 sur la réforme de l'islam de France. Emmanuel Macron avait demandé à l'Institut Montaigne de publier un rapport, rédigé par l'essayiste Hakim El Karoui, sur les grandes étapes de la réforme de l'islam. Certaines mesures s'inspiraient de pratiques ayant fait leurs preuves au sein des communautés juive et protestante. Le rapport préconisait de modifier quelques codicilles de la loi de 1905 sur la séparation entre les Églises et l'État. Un sujet explosif ! Il s'agissait pourtant d'une solution pertinente pour assainir le système de financement du culte musulman.

En France, quand on crée des institutions cultuelles juives dirigées par des rabbins, les bienfaiteurs peuvent déduire fiscalement leur soutien financier. Il faudrait faire de même pour les mosquées : cela permettrait à terme d'assécher les financements étrangers. L'État d'Israël ne finance aucune synagogue en France. Il y a à peine cinq cent mille juifs dans notre pays, dont beaucoup sont athées, et l'on trouve pourtant de nombreux lieux de culte. Plusieurs millions de musulmans auraient donc les moyens de financer les mosquées sans aucun problème. La *zakat* (l'aumône obligatoire) est d'ailleurs l'un des cinq piliers de l'islam. La responsabilité individuelle doit s'exercer pour ne dépendre ni de l'État ni des pays étrangers.

Alors que je considère qu'il existe un authentique judaïsme français, pourquoi un islam de France ne serait-il pas possible, si l'on apprenait enfin à le comprendre ? C'est une nouvelle preuve que l'on a trop longtemps cantonné les musulmans au statut de victimes, dont ils n'ont jusqu'à ce jour pas réussi à sortir. Participer et financer cet islam de l'intérieur serait assurément un moyen de sortir de l'ornière. Si nous n'agissons pas en ce sens, nous basculerons irrémédiablement vers le séparatisme.

On ne peut pas demander aux thuriféraires de l'islam, comme du judaïsme, de s'assimiler. Cela reviendrait à se nier. L'assimilation a généré de la désintégration ! Les juifs des nouvelles générations portent des prénoms hébraïques ou israéliens – Dan, Gad, Yaron, Shana ; ils ne s'appellent plus Fabrice, comme moi. Le repli identitaire guette, et pas seulement chez les musulmans. Je me souviens du jour où je suis tombé par hasard sur la campagne de promotion du livre de Lydia Guirous, une ancienne camarade centriste désormais en charge de la diversité et de la laïcité au sein du parti Les Républicains. Le titre de son livre, *Assimilation : en finir avec ce tabou français*[1], m'a fait bondir. Et pour cause ! Ce qu'ont fait mes parents, avec succès, était l'exact contraire de l'assimilation. Pour lui répondre, j'ai publié une tribune[2]. Le message à faire passer à toute personne aspirant à vivre dans notre pays est le suivant : ce que nous sommes est une richesse, nous ne pouvons pas nous en départir. Une richesse grâce à laquelle il est possible de vivre dignement en France.

Dans les années 1980, en fermant la porte à l'intégration, nous avons ouvert un boulevard aux extrémistes identitaires qui nous ont conduits tout

1. Éditions de l'Observatoire, 2021.
2. Voir Annexe 7, p. 250.

droit au séparatisme. L'utopie de l'assimilation a créé un vide. Il a été comblé par l'islam politique, mais aussi par d'autres mouvements de type sectaire. Aujourd'hui, c'est le vert, couleur de l'islam politique, qui embrasse la cause de toutes les âmes perdues. À l'époque, le rouge des communistes s'en chargeait.

Cessons d'imposer un carcan législatif avec une loi sur le séparatisme. Il est chimérique de croire que l'on peut imposer le vivre-ensemble à coups de lois. Il faut au contraire créer les conditions pour qu'un terreau de fraternité soit fertile. Il faut une prospérité économique pour tous. Dans n'importe quel pays, un individu qui gagne bien sa vie sera moins facilement la proie de l'extrémisme et des thèses conspirationnistes. Dans les pays arabes, lorsqu'ils entreprennent de prendre le pouvoir, les islamistes commencent toujours par déstabiliser l'économie. Il leur est ensuite plus facile de se présenter en sauveurs.

Le fameux « padamalgam » porte en lui les racines de l'amalgame. Les islamistes ont un projet politique, même si je ne crois pas plus à ce projet pour l'Europe qu'au grand Israël religieux pour le Proche-Orient. Il m'arrive d'être qualifié d'islamophobe lorsque je critique un islamiste, voire un terroriste. Durant des décennies, la gauche a encapsulé et incubé l'islam radical en interdisant toute critique à son endroit. Elle a conçu *in vitro* l'islam radical dans notre pays. En agissant ainsi, elle a commis le pire des amalgames. Qualifier d'islamophobe celui qui ose critiquer les velléités des islamistes revient à assimiler islam et islamisme, donc à mettre tous les musulmans dans le même panier. À ce jeu-là, l'extrême gauche ne fait pas mieux qu'Éric Zemmour.

L'islam des Lumières existe pourtant, il est même possible de le rencontrer. Des musulmanes se sont battues avec succès pour faire revenir la Mosquée de Paris sur sa décision de séparer les hommes et les femmes durant les offices. Bariza Khiari, ancienne sénatrice socialiste imprégnée par le soufisme, incarne en France la matrice d'un islam tourné vers les autres et axé sur la vie intérieure. À la tête de l'Institut des cultures d'islam, elle milite sans relâche pour que les femmes puissent accomplir une mission pastorale en devenant imams, à l'instar de l'évolution du judaïsme libéral qui ordonne des femmes rabbins. L'essayiste Malika Sorel-Sutter devient lumineuse quand elle évoque la France des Lumières et dénonce la lâcheté des gouvernants français face au séparatisme. Je pourrais citer bien d'autres exemples.

À la République de prendre sa part. Les enseignants, censés être les hussards d'une République de la fraternité, devront finir par accepter la mission fondamentale d'enseigner le fait religieux. Il faut se rendre à cette évidence édictée par Emmanuel Macron : si l'État est laïc, la société ne l'est pas. La notion de transcendance ne peut être ignorée car elle guide l'existence de beaucoup d'entre nous. La connaissance de son histoire, riche et multiple, ne pourra que contribuer à former des citoyens éclairés.

Plus important encore : que l'on cesse de brandir ce concept de tolérance ! Je le déteste depuis toujours. D'après le dictionnaire, « tolérer » vient du latin *tolerare*, qui signifie « supporter ». Je refuse qu'on me « tolère », comme je refuse que l'on « tolère » mes concitoyens musulmans, arabes, noirs ou asiatiques. Tolérer implique un lien de domination que je réfute. La sémantique est essentielle car elle traduit un état d'esprit. Il est temps que la France en finisse avec la tolérance pour entrer dans l'ère de la coexistence fraternelle. Cela ne se fera pas sans un rappel ferme à tous ceux qui vivent dans ce pays : la République est une et indivisible.

10

Les présidents et moi

J'ai évoqué au début de cet ouvrage l'émotion ressentie le jour où j'ai franchi pour la première fois les grilles de l'Élysée pour rejoindre un groupe de travail sous la présidence de François Hollande. Cette entrée – jadis, j'aurais plutôt parlé d'intrusion – dans les cercles restreints du pouvoir a contribué à me dessiller. J'ai ainsi pu observer de près quelques-unes des causes du blocage français.

Avant le mandat de François Hollande, Nicolas Sarkozy s'était attaqué à l'entreprise si difficile de la réforme des mentalités. Temps long de l'histoire des sociétés contre temps court soumis aux nécessités : le combat était plié d'avance. Nicolas Sarkozy avait été élu en séduisant un corps électoral en demande d'énergie et de volontarisme après deux présidences, celles de François Mitterrand et de Jacques Chirac, confites dans des codes obsolètes. Juste après son arrivée à l'Élysée, Nicolas Sarkozy s'est attaqué à la question identitaire. Dans la perspective de sauver l'« identité française », il créa le ministère de l'Immigration et l'Identité nationale, dirigé à l'époque par Brice Hortefeux. Le nom de ce ministère fit scandale… à gauche ! Le nouveau chef de l'État savait que l'identité française se délitait. Néanmoins, il se trompait de voie en confondant identité nationale et identité génétique.

Ce faisant, il passait à côté d'une thématique essentielle pour l'avenir du pays.

Le soir du 6 mai 2007, Nicolas Sarkozy célébrait sa victoire présidentielle avec ses partisans. L'ancien footballeur Basile Boli et le chanteur Faudel étaient présents. Le second ne se doutait pas qu'il enterrait sa carrière ce jour-là, coupable aux yeux de sa profession d'avoir pris position en faveur du président élu. Le premier ne fut pas épargné non plus.

J'avais fait la connaissance de Basile Boli en 2006, lors d'un voyage en Tunisie. Nous avions vite sympathisé et gardé le contact à notre retour. « On vote en fonction de ses convictions et non de sa condition », lui avais-je dit un jour, alors qu'il se plaignait du sort qui lui était réservé par l'opinion publique depuis ses prises de position en faveur de Sarkozy. Quand on est noir, on est considéré comme un traître dès l'instant où l'on soutient l'autorité et la droite. À mes yeux, cela ne fait pas de vous un traître, mais un individu qui aime le pays où il vit et qui veut le protéger. Mais si vous êtes noir ou arabe, c'est inconcevable pour certains ! Le message envoyé par la gauche était le suivant : « Vous n'avez pas honte de nous trahir ainsi après ce que nous avons fait pour vous ? » Ce paternalisme néocolonial propre à ce camp politique est révoltant et, disons-le, raciste.

Avec l'élection de Nicolas Sarkozy, plusieurs personnes issues de l'immigration ont commencé à assumer de voter à droite. Les juifs avaient vécu le même parcours. Alors qu'ils avaient longtemps été considérés comme des partisans naturels de la gauche, au fil du temps, nombre de juifs ont assumé de voter pour la droite. La gauche avait ce talent de récupérer les minorités pour, en réalité, mieux les enfermer, les enfoncer en les essentialisant. Je me suis toujours opposé à cette logique. L'essentialisation me révulse car elle est le cœur du déterminisme. Sarkozy a ainsi su séduire Boli et Faudel. Ce ne fut sans doute pas par conviction politique, mais plutôt par sympathie pour l'homme.

Une frange de la population d'origine étrangère croit en revanche en l'émancipation par le travail et l'économie. Ces hommes et ces femmes veulent s'extraire de la rhétorique victimaire de la gauche. Les personnes issues de l'immigration doivent voter en fonction de leurs convictions, pas de leur condition. Sarkozy avait souvent tendance à penser qu'en captant des vedettes, il capterait aussi leur audience. Il a agi de la même façon avec Bernard Laporte ou Fadela Amara.

Le soir de sa victoire, Nicolas Sarkozy avait proposé à Basile Boli de travailler avec lui. Deux jours plus tard, je reçus un appel de Basile. Le nouveau président lui avait confié une mission et il ne savait pas par où commencer. Il était censé monter une agence pour la promotion du codéveloppement. Pour lui venir en aide, j'ai conçu une instance baptisée Entreprendre et Réussir en Afrique (ERA) et développé le projet à présenter au ministre de l'Immigration, Brice Hortefeux, et au secrétaire général de l'Élysée, Claude Guéant.

Notre message ne souffrait aucune ambiguïté : il fallait sortir du paternalisme de la Françafrique en travaillant non plus d'État à État, mais d'individu à individu, d'entreprise à entreprise. Les gouvernements qui se sont succédé depuis n'ont pas dit autre chose, mais ils n'en ont pas moins échoué à édifier un nouveau récit des relations entre la France et l'Afrique. En février 2023, la pathétique tournée africaine d'Emmanuel Macron, qui donna lieu à un esclandre public entre le président français et son homologue de la République démocratique du Congo Félix Tshisekedi, a parfaitement illustré le malaise persistant. Entre la France et l'Afrique, le passé ne passe pas. Le récent épisode au Niger le démontre également.

Le projet que j'avais élaboré avec Basile Boli fut accueilli avec enthousiasme par l'Élysée, la Banque populaire-Caisse d'Épargne (BPCE) et l'Agence nationale de l'accueil des étrangers et des migrations (Anaem[1]). Je fus propulsé dans un monde qui n'était pas le mien. Nous voulions œuvrer pour le développement économique en accompagnant des migrants de retour dans leur pays. Ma conviction en la matière était faite depuis longtemps : nul ne pourra jamais empêcher des gens qui meurent de faim chez eux de venir chez nous. Aucun mur, aucune armée ne les en empêchera, tant leur désespoir est grand. La seule solution pour réduire l'immigration est donc de promouvoir le développement économique des pays d'origine afin d'y fixer les populations. Rien de nouveau sous le soleil, mais personne n'avait réellement essayé de passer aux travaux pratiques. Pragmatique et volontariste, Nicolas Sarkozy allait changer la donne. Du moins le croyais-je.

Le désenchantement fut brutal. Il survint lors de notre rencontre avec l'ambassadeur français pour le codéveloppement, un homme âgé de quatre-vingts ans dont le poste était sans doute un placard doré. Notre rendez-vous eut lieu dans des locaux du ministère des Affaires étrangères, avenue Kléber. Dans les bureaux, de vieux ordinateurs poussiéreux attendaient d'être envoyés à la décharge. Au cours de la conversation,

---

1. Qui deviendra l'Office français de l'immigration et de l'intégration (OFII).

l'ambassadeur dit à Basile Boli : « Regardez tout ce matériel informatique que l'on va jeter, alors qu'on pourrait rendre tant d'Africains heureux ! Quel gâchis ! » Nous étions abasourdis par tant de condescendance. Basile me glissa à voix basse : « Cet enf… ne sait pas que les Africains ont les téléphones et les PC les plus récents ? » Il semblait hors de lui. Je pris conscience, ce jour-là, du décalage existant entre le personnel politique, les hauts fonctionnaires et la réalité du terrain. Je compris pourquoi nous nous faisions tailler des croupières par les Chinois, les Américains et les Israéliens en Afrique. Nous souffrions d'une incapacité à sortir des schémas coloniaux.

Une fois le projet sur les rails, Basile me demanda de quitter mon emploi pour le rejoindre. À l'époque, j'avais trente-sept ans et une famille à nourrir. Je fis le choix de rester dans mon entreprise et notre association s'étiola. Quelques mois plus tard, le projet capota en raison de péripéties judiciaires. Je n'ai pas regretté d'avoir pris le large.

C'est ainsi que la présidence Sarkozy avait démarré pour moi : par un déniaisement. J'ai constaté le décalage qui existait entre le discours et la réalité – comme ce sera le cas plus tard avec François Hollande. Une immense occasion manquée dont nous payons aujourd'hui le prix fort, avec la dégradation de l'image et de l'influence de la France en Afrique, au moment même où de nombreux pays africains s'éveillent enfin. Ceux qui cherchent à nous chasser du continent ne s'y trompent d'ailleurs pas.

C'est à cette époque que j'ai pris conscience de l'impotence grandissante du politique au profit de l'économique. Les ministres n'ont quasiment plus de pouvoir, les députés sont des godillots, et le niveau général est en chute libre à l'Assemblée nationale. Le Sénat sauve un peu l'honneur. Tout se joue désormais sur le terrain économique, associatif et citoyen.

L'État jacobin était déjà en train de se décomposer, mais, au lieu d'accompagner cette évolution, les responsables politiques maintiennent sous respirateur artificiel un système en état de mort cérébrale. Les acteurs politiques sont honnis car ils se réfugient dans la harangue, faute de pouvoir agir. Ils ne peuvent que décevoir. Nicolas Sarkozy a incarné le début de ce processus, alors qu'il prétendait redonner ses lettres de noblesse à l'action publique. Le résultat fut tout à fait contraire : l'hyperprésidence a dévitalisé le gouvernement, les ministres ont été choisis sur casting – selon les confidences à des journalistes de l'ancien secrétaire général de l'Élysée, Claude Guéant. Résultat : « Sarkozy a tué le job », selon l'expression consacrée.

À l'issue de son mandat présidentiel, ses électeurs reprocheront moins à Nicolas Sarkozy ce qu'il a fait que ce qu'il n'a pas fait : la suppression des 35 heures, une politique assumée sur l'immigration et la mise en œuvre concrète de la politique sécuritaire pour laquelle il s'était engagé. Nul ne reproche à Sarkozy de ne pas s'être montré à la hauteur sur la scène internationale. Son principal échec concerne les questions de l'immigration et de l'identité nationale. Même si nombre de responsables politiques se refusent à aborder ce sujet, celui-ci n'en est pas moins central. Ce débat a cependant été dévoyé en octroyant une dimension génétique à l'identité nationale.

Je rejoins l'écrivain et philosophe Ernest Renan sur la notion de sentiment national : celui-ci est incarné par un fil qui unit les individus, un lien artificiel qui doit faire rêver. Prenez la Grande-Bretagne. Tout le monde veut y aller, à commencer par les réfugiés extraeuropéens, et pas uniquement pour l'emploi. Depuis des siècles, les Britanniques ont réussi à faire adhérer à une idée, un projet commun. À Londres, les Britanniques d'origine indienne ou pakistanaise font partie intégrante de la ville et de l'économie locale. Le Premier ministre britannique, Rishi Sunak, est d'origine indienne ; le maire de Londres, Sadiq Khan, d'origine pakistanaise – tout comme le Premier ministre d'Écosse, Humza Yousaf. Les Britanniques ne tergiversent pas sur leur passé. Il en est de même pour les Indiens : ils font des affaires avec Londres sans perdre de temps à énumérer les méfaits de la colonisation. Malgré les difficultés, le passé, le présent et le futur commun sont galvaniseurs pour des millions d'individus. Rappelez-vous le jubilé de la reine Elizabeth II : quel succès, quelle popularité ! Prenez l'Union Jack : tout le monde l'affiche, le porte sur ses vêtements ! En France, quiconque exhibe le drapeau tricolore se fait taxer de nationalisme ou de fascisme. Nous avons raté quelque chose.

Pourquoi Nicolas Sarkozy s'est-il égaré dans ce débat destructeur sur l'identité nationale, au lieu de recréer un socle de valeurs communes propre à notre République ? La thématique identitaire au sens héréditaire n'a pas de sens et ne correspond à aucune réalité en France. Notre pays s'est bâti sur des individus d'origines diverses qui l'ont aimé : Marie Curie, Missak Manouchian, Léopold Sédar Senghor, Samuel Beckett, Joseph Kessel, Romain Gary, Gaston Monnerville, Félix Éboué, François Cheng, Leïla Slimani… la liste est infinie ! Comme eux, je suis amoureux de la France et je me bats pour elle. « Je n'ai pas une seule goutte de sang français, mais la France coule dans mes veines », disait Romain Gary. Qui oserait me dire que je suis moins français que ceux dont les familles sont d'origine bourguignonne ou poitevine? La plupart des Français ne descendent pas des Gaulois.

Malgré ce fourvoiement, Nicolas Sarkozy a en grande partie sauvé notre économie durant la crise financière de 2008. Les peuples se montrent rarement reconnaissants envers ceux qui sauvent leur pays. De Gaulle a sauvé la France avant d'entamer une longue traversée du désert. Gerhard Schroeder a sauvé l'Allemagne avant de perdre les élections face à Angela Merkel. Ce sont toujours les successeurs qui récoltent les fruits. Nicolas Sarkozy a perdu la présidentielle de 2012 sur la suicidaire thématique identitaire, insufflée par son conseiller Patrick Buisson. Il existe au sein de la tradition juive une jolie maxime: «Pour qu'une parole touche le cœur de celui à qui elle est destinée, il faut qu'elle sorte du cœur de celui qui la prononce.» En 2007, Nicolas Sarkozy s'est adressé aux électeurs avec son cœur et ses tripes: il a été le président le mieux élu de la Ve République. En 2012, il s'est exprimé avec sa tête et s'est effondré face à François Hollande.

Après un Sarkozy omniprésent, les Français aspiraient, pour un temps, au calme. La présidentielle de 2012 a donc conduit à l'élection de François Hollande et à la nomination de Jean-Marc Ayrault comme Premier ministre. Hollande a joué un rôle de «pape de transition», en quelque sorte. Le fait que Dominique Strauss-Kahn ait été contraint d'abandonner la course à l'Élysée arrangeait à la fois Hollande et Sarkozy. Le premier fut élu par défaut en raison d'un profond rejet du président sortant, le second obtint une défaite presque honorable malgré une mauvaise campagne. Un suc versé sur la plaie ouverte de la droite, qui se déchirera au cours des mois suivants dans une guerre de succession entre Jean-François Copé et François Fillon.

Nicolas Sarkozy prétendait renouveler la politique, il est devenu le parangon d'une pratique archaïque : le monarque infanticide. Après lui, le déluge. L'ancien maire de Neuilly s'est délecté d'une telle situation. À ses yeux, il n'était pas question qu'une nouvelle personnalité issue de sa famille politique prenne le pouvoir. Il en a donné une flagrante illustration lors de l'élection présidentielle de 2022 en torpillant la candidature de Valérie Pécresse.

À partir de 2012, François Hollande fit preuve d'une faiblesse qui ne correspondait pas du tout aux attentes des Français. Il s'est montré incapable de prendre des décisions fermes. Diriger un peuple est d'abord le fruit d'un chemin. François Hollande n'avait jamais été ministre. Ses prédécesseurs étaient passés par un parcours initiatique et s'étaient constitué des réseaux. Pas lui. Il fut le plus monarchique des présidents de la Ve République. Pourquoi ? Parce qu'il était le reflet d'une monarchie vieillissante et poussiéreuse. Il a incarné une aristocratie de technocrates dont le titre suffit à s'imposer. Énarchie, monarchie, même combat !

Je me souviens d'un jour de 2014 où je fus convié à l'Élysée pour la visite du Premier ministre indien Narendra Modi. Le président m'avait demandé d'être présent car je dirigeais la filiale française d'un grand groupe indien. Lorsque François Hollande apparut, bedonnant, dans la cour, sous les ors de la République, au son d'un menuet joué par la Garde nationale, je me suis penché vers mon voisin pour lui dire : « Je crois que nous avons fait une révolution pour rien… » En regardant le chef de l'État, j'avais le sentiment qu'il se comportait comme si une forme de droit divin lui avait été octroyée.

Je souhaite néanmoins apporter une précision : je ne suis en aucun cas un pourfendeur de l'Ena. Je pense même que sa suppression fut une erreur car cette école produisait les meilleurs fonctionnaires au monde. Le souci tient à ce que les énarques, brillants techniciens de l'administration, ne sont pas, pour la plupart, des politiques. Tout comme dans le privé, les meilleurs techniciens sont rarement les meilleurs managers ou les meilleurs patrons. Le pragmatisme, la vision globale, le recul nécessaire à la fonction de dirigeant, la capacité à fédérer, l'art de la négociation, l'empathie, la connaissance fine du terrain ou la capacité à travailler en réseau ne s'apprennent pas sur les bancs de l'Ena. Ce sont pourtant des qualités essentielles pour diriger un pays ou une entreprise. La compétence technique est même parfois un handicap car elle empêche d'avoir une vision à 360 degrés des problèmes qui se présentent.

La nomination de Jean-Marc Ayrault à Matignon représenta un poids mort supplémentaire pour le pays. Nous avions besoin de gouvernants dynamiques et nous héritions d'un professeur d'allemand qui roulait en combi Volkswagen. Il n'incarnait ni l'espoir ni l'avenir. Dans toutes les réunions auxquelles j'ai assisté, Ayrault semblait perdu sur tous les grands dossiers économiques et numériques. Mes homologues indiens ne manquaient pas de m'en faire la remarque. Alors que l'essentiel de la dynamique mondiale se situait désormais à l'Est, nous nous obstinons à retenir des lambeaux de notre gloire passée.

Nous vivons encore à crédit sur l'héritage de Louis XIV, Napoléon et de Gaulle. En quelques années, nous sommes passés du statut de leader flamboyant à celui de suiveur essoufflé. Cette situation remonte à l'arrivée au pouvoir de François Mitterrand. L'immobilisme et la faiblesse de la gauche ont créé un climat délétère. Et ce, au moment où le monde s'appropriait les nouvelles technologies (le développement d'Internet, de la data, de l'intelligence artificielle). Notre élite ne comprend pas cette évolution. Nous ne parvenons toujours pas à sortir de l'impasse car notre système politique fonctionne sur une reproduction consanguine sans obligation de résultat. Pire : on promeut ceux qui échouent, comme en témoigne la nomination de Pap Ndiaye à un prestigieux poste international, malgré un échec patent dans ses fonctions de ministre de l'Éducation nationale.

2015 fut une année terrible pour notre pays, mais aussi un marqueur historique. Les attentats de *Charlie Hebdo*, des terrasses de cafés et du Bataclan ont eu un effet galvanisant sur la population, dissimulant l'échec patent du mandat de François Hollande. Paradoxalement, ce fut une chance que ces tragiques événements surviennent sous sa présidence. Nous pouvons rendre hommage à Hollande sur un point : sa bonhomie et sa distance ont favorisé l'unité du pays ! Son côté fédérateur et son esprit de responsabilité ont renforcé la cohésion nationale au moment de ces drames et ont évité une fracturation de la société française. Il faut aussi rendre hommage aux Français qui firent preuve d'une incroyable résilience, refusant la stigmatisation et les amalgames. C'est pourquoi je suis aussi révolté quand on ose traiter les Français de racistes.

J'avais croisé Emmanuel Macron à deux occasions avant qu'il ne devienne président de la République et j'ai pu assister à son évolution. En 2014, il avait participé à une réunion du Conseil national de l'attractivité en retroussant ses manches avant de s'exprimer dans un anglais parfait. On le sentait engagé et d'une grande aisance sur l'attractivité de l'économie. Jeune, moderne, il sortait indéniablement du lot. Je n'ai pourtant pas cru à ses chances de victoire lorsqu'il s'est lancé dans son aventure présidentielle. J'avais toutes les raisons de le suivre, mais son accession à l'Élysée me paraissait improbable. Ceux qui l'avaient rejoint semblaient sortir de nulle part, d'où un rapide problème d'amateurisme. En politique, l'expérience est importante.

J'ai longtemps réfléchi à cet ovni politique qu'est Emmanuel Macron. Lors de son émergence en 2017, la France ne parvenait toujours pas à s'affranchir de son bipartisme hérité de 1946. Le monde avait pourtant davantage évolué lors des cinquante dernières années qu'au cours des deux siècles précédents. Le cadre sur lequel était axé notre système politique n'avait plus de sens : les lois sociales, le paritarisme, le fonctionnement démocratique vertical étaient périmés. Des industriels et des banquiers ont voulu voir en Macron l'homme qui serait capable de faire entrer la France dans le XXIe siècle. Toute la galaxie médiatique y a cru aussi. Ce soutien massif lui a permis d'accéder à l'Élysée.

Contrairement aux autres candidats, Macron a pu s'affranchir des appareils. Il avait tout pour lui : il était jeune, beau, dynamique et fort d'un brillant parcours. Dès le jour de sa victoire, je me suis dit qu'il était un « Sarkozy abouti » ! Il possédait les qualités de l'ancien chef de l'État, mais il faisait surtout partie du sérail passé par l'Ena. Grâce à Bercy, il s'était constitué son réseau et s'était servi de François Hollande comme d'un marchepied. Je ne suis pas certain qu'il avait en tête de devenir président, mais il a profité des circonstances. Face à un Hollande affaibli par les « frondeurs » et la profonde aspiration des Français au changement, il a su saisir l'opportunité. Avec grande intelligence, Emmanuel Macron a compris qu'il fallait en finir avec un bipartisme dépassé. Il a senti qu'il pouvait rallier à lui des personnalités de tous bords et incarner la modernité.

Mais, au-delà des apparences, Macron est un homme politique de quatre-vingts ans dans un corps de quadragénaire. Il est avant tout un théoricien éloigné des préoccupations quotidiennes des Français. Il a su théoriser le changement, mais il s'est révélé incapable de le mettre en œuvre par méconnaissance du terrain. Cela s'est senti dès sa cérémonie d'investiture. Il marchait seul devant la pyramide du Louvre, déjà coupé du peuple. Sa posture fut vite qualifiée de « jupitérienne », donc monarchique. Par la suite, il s'est montré maladroit dans de nombreux domaines. Prétendre qu'il suffisait de « traverser la rue » pour trouver du travail ne pouvait être considéré que comme une marque de mépris.

Emmanuel Macron avait pour lui la légitimité institutionnelle, mais il manquait de légitimité populaire pour incarner le changement. La fracture s'est durablement enracinée. Son arrogance a provoqué le mouvement des Gilets jaunes, qui n'aurait sans doute pas eu lieu sous Hollande ou Sarkozy. Macron nous a vendu la *start-up nation* et a été conforme à sa vision : la France est une entreprise dont il est le patron. Il n'a pas compris ce qu'est un pays. Un pays, ce sont des corps intermédiaires, des strates sociales, une histoire, des particularités régionales. Une entreprise n'a pas de prérogatives régaliennes ; un pays, si. C'est là le drame : Emmanuel Macron passe à côté du régalien, qui n'est pas son sujet. Il veut incarner une posture de verticalité du pouvoir, au moment où les Français exigent l'exact contraire. Il est devenu un nouveau monarque, a rendu les corps inopérants et anonymisé nos élites. Cette concentration du pouvoir va lui – et nous – coûter cher.

Cela me fait penser à cette phrase du président Sarkozy, en 2016, alors que nous discutions à huis clos dans son bureau de la rue de Miromesnil. Nous nous voyions tous les six mois environ pour une trentaine de minutes d'échanges très constructifs. Cet entretien faisait suite au voyage que nous avions effectué ensemble en Inde, alors qu'il envisageait de revenir aux affaires en 2017. Il me dit, avec ce hochement de tête qui le caractérise : « Nous vivons une drôle d'époque dans laquelle un individu peut interpeller le président de la République en le tutoyant sur Twitter. » Il réalisait – comme nous tous – que les citoyens étaient désormais demandeurs d'horizontalité, que c'en était fini de la verticalité du pouvoir.

Ceux qui ont cru en Macron ne s'y connaissaient guère en politique. Les caciques de la politique, eux, étaient méfiants. Des formations comme La République en marche, puis Renaissance, sont des « opnis », des objets politiques non identifiés. La France s'est retrouvée face à l'inconnu, avec un président énigmatique, un parti mystérieux et une nouvelle classe politique surgie de nulle part. L'espoir était pourtant revenu lors de son accession à l'Élysée. À l'époque, je me suis dit que les Français avaient enfin compris. Je crois en une forme d'intelligence collective, au sens étymologique. Depuis l'alignement de la présidentielle et des législatives en 2002, les Français ont toujours octroyé une majorité au chef de l'État.

Je dois le reconnaître : j'ai été davantage séduit par l'homme que par son parti. Ce jeune président semblait faire enfin émerger une nouvelle intelligence qui dépassait les calculs politiciens. Son pragmatisme m'avait donné de l'espoir en ce sens, mais sa formation politique ne m'a jamais inspiré grand-chose. Je l'ai toujours considérée comme un simple outil, presque un alibi. Lors de cette période de transition entre l'ancien système et une nouvelle configuration politique émergente, nous avions à la fois besoin d'une perspective et d'un leader. Comme au cœur du Gulf Stream, nous étions entre deux courants, deux masses d'air, deux époques.

Son concept de *start-up nation* aurait pu révolutionner notre pays sur les plans économique et technologique. On a largement communiqué à ce sujet pour des résultats minimes. L'amitié entre Emmanuel Macron et Xavier Niel, le président du groupe Iliad et dirigeant de l'école d'autoformation 42, fut déterminante. Macron s'est entouré de chefs d'entreprise incarnant le renouveau, comme Marc Simoncini, le fondateur de Meetic, Jacques-Antoine Granjon, de Ventes privées ou Patrick Drahi, d'Altice. Ces entrepreneurs, qui ont si bien réussi, représentaient des modèles.

Nouvelle économie, start-up : beaucoup de mots, mais rien n'a suivi. *Idem* pour le terme « licornes », que tout le monde associe à Macron. Ces microentreprises qui lèvent d'énormes capitaux dans les nouvelles technologies ne sont pas allées plus loin. L'enjeu était ailleurs, à l'école en particulier. Il est impératif de créer des liens bien plus forts entre l'école et le monde du travail, de renforcer l'enseignement des mathématiques, qui sont à la base des algorithmes, et donc de l'Intelligence artificielle. L'éducation et les savoirs fondamentaux sont négligés, tandis que l'on se concentre sur des outils de communication sans la connaissance nécessaire pour aller plus loin et concurrencer les États-Unis ou la Chine. C'est une question d'indépendance fondamentale : nous avons besoin de mathématiciens, pas d'obus nucléaires en plus. Macron et ses prédécesseurs sont passés à côté.

Six ans après l'arrivée d'Emmanuel Macron à l'Élysée, les espoirs sont douchés sur tous les plans. Une politique se compose d'un ensemble d'équilibres et d'une mécanique. Le rôle d'un dirigeant est de rendre possible, de créer un terreau favorable à l'épanouissement des Français. C'est ce que l'on attendait d'Emmanuel Macron : créer des conditions sociales et fiscales pour faire prospérer les entreprises, créer un terreau favorable pour que les valeurs républicaines puissent réellement s'appliquer. Quoiqu'un brin dirigiste, Macron a complètement négligé le régalien. Il s'est frotté à l'armée, avec le limogeage du chef d'état-major Pierre de Villiers, ce qui n'était pas une urgence, me semble-t-il. D'autant que ce fut pour des raisons douteuses. Le président s'en est pris aux Français les plus modestes en les traitant d'illettrés, déclenchant ensuite la crise des Gilets jaunes avec ses mesures de réduction de la vitesse à 80 km/h et de hausse du prix de l'essence. Il a géré ces dossiers avec une très faible hauteur de vue. L'image de ces Gilets jaunes devant l'Élysée et du marquis retranché (« Qu'ils viennent me chercher ! ») rappelait par trop l'Ancien Régime.

La France n'est pas une start-up et son président a négligé l'ordre public. À présent, il faut se réveiller, agir, rassurer la population, incarner l'État. Macron n'a jamais incarné la France. Je suis très inquiet pour les années à venir, mais je reste positif car notre pays est résilient. Même si je ne suis d'aucun de ces deux bords, l'élection de cent quatre-vingts députés de LFI et du RN en 2022 a prouvé la capacité du peuple de France à se faire entendre, alors que le mode de scrutin les en empêchait. C'est un avertissement très fort. Nous vivons une forme de révolution institutionnelle qu'il faut suivre de près.

Le bulletin de vote a remplacé la fourche. Sommes-nous au bord d'une guerre civile ? Pour répondre à cette question, on pourrait invoquer la mémoire de Louis XVI, qui écrivait à l'un des organisateurs de sa fuite à Varennes, le 3 juillet 1789 : « Il faut une âme atroce pour verser le sang de ses sujets, pour opposer une résistance et amener une guerre civile en France. Pour réussir, il me fallait le cœur de Néron et l'âme de Caligula. » Le long conflit entre le peuple et Macron à propos de la réforme des retraites, en 2023, laisse un goût amer et une question : combien de temps nous reste-t-il avant de passer d'une révolution de velours à une révolution sanglante ?

J'ai côtoyé de près trois présidents, un en exercice, un avant son accession, un après. Ces relations m'ont permis de mesurer à quel point le pouvoir politique est impotent face aux grands enjeux. Cette impotence n'est pas due à la dimension institutionnelle, au contraire même, puisqu'un président français a plus de pouvoir que son homologue américain. Elle est due à l'absence de vision et d'ambition pour le pays. L'obsession de la réélection, la notion de carrière sont des barrages à l'action.

Le délitement de la France n'est pas une fatalité. Je ne crois pas non plus qu'il soit orchestré – je ferai preuve de nuance sur le sujet. Merveilleuse notion, si bien décrite par Jean Birnbaum dans *Le Courage de la nuance*[1], livre qui contient un éclairant portrait de Bernanos s'achevant sur ces mots : « La nuance est un aveuglement surmonté. » Dans ce même ouvrage, Birnbaum explique que, selon Hannah Arendt, la pensée a moins à voir avec l'intelligence qu'avec le courage. Or, en France, nous avons développé l'inverse. Nous avons formé des dirigeants pour qu'ils deviennent des machines à savoir, mais qui n'ont aucun courage et qui ne pensent pas, au sens étymologique du terme. C'est en en prenant conscience que nous redresserons la France, nous, les héros ordinaires. Il faut simplement que nous nous réappropriions l'État qui nous a été confisqué par une caste. À l'instar de Louis XIV en son temps, nous devons nous convaincre que « l'État, c'est nous ». Après tout, sous la République, n'est-ce pas le peuple qui est souverain ?

1. Seuil, 2021.

11

7/10/2023

Jusqu'à présent il y avait le « 9/11 » (*nine eleven*). C'est ainsi que les Américains, qui ont un sens marketing très développé, appellent le 11 Septembre. Cette date a façonné le monde dans lequel nous vivons. Il y aura désormais aussi le 7/10, ou 10/7, en fonction du côté de l'Atlantique où l'on se trouve. Car cette date est bien plus que celle d'un « événement » israélo-palestinien. Elle concerne le monde entier et va nous obliger à repenser le monde dans lequel nous vivons. Un tel événement, aussi regrettable soit-il, est fondateur et marque la fin de la « mondialisation heureuse » et de l'unilatéralisme américain.

Le massacre perpétré par le Hamas dans le sud d'Israël, le 7 octobre 2023, a redessiné les lignes géopolitiques. Il a provoqué le réveil douloureux d'un Occident oublieux du sentiment d'injustice qui dévore un monde arabe vrillé par les démons de l'humiliation d'avoir perdu de sa grandeur passée. La frange la plus radicale, incarnée par les islamistes, frustrée de n'avoir pu renouer avec l'âge d'or de l'Islam, a donc choisi de ramener le monde entier à l'âge de pierre. Il faut relire les analyses du géopoliticien Pierre Hassner au lendemain du 11 septembre 2001, démontrant comment l'Occident s'est retrouvé brutalement confronté à la haine de ses ennemis. Hassner soulignait alors que, depuis le XVIIIe siècle, l'Occident s'était trompé en croyant contenir la violence inhérente aux humains par la promotion des intérêts économiques et rationnels. Ce retour des passions est exacerbé par l'existence d'Israël et l'occupation des territoires palestiniens après 1967, «perçue comme une poursuite de l'oppression coloniale et des croisades». Cette intrusion de l'Occident dans la sphère arabo-musulmane constitue pour ces sociétés un scandale religieux et politique. Dès lors, poursuivait Pierre Hassner, le terrorisme fait office d'«arme contre les infidèles devant aboutir à une contre-mondialisation qui est celle de l'*oumma* islamique[1]». L'opération terroriste du Hamas, préparée de longue date, se révèle ainsi d'une portée internationale.

Peu après le 7 octobre, le Hamas a remercié le Kremlin pour son soutien, puissant en effet. La diplomatie de Moscou défend l'action du Hamas, qualifié par ses représentants, devant la presse internationale, d'organisation de résistance, admettant simplement l'«erreur» de s'en être pris à des populations civiles en Israël. Alors qu'il était proche du gouvernement de l'État hébreu, Vladimir Poutine a rompu ces liens et Israël est désormais accusé d'avoir relancé la guerre dans la région. Ce grand «revanche des passions», selon la formule de Pierre Hassner[2], exalte une partie du monde regroupant des États liés par le ressentiment contre un Occident considéré comme l'oppresseur de sociétés en marge de la mondialisation. Le Hamas devient ainsi le porte-parole des opprimés et le miroir du malheur

1. Pierre Hassner, *La Terreur et l'Empire*, t. 2, *La violence et la paix*, Seuil, 2009.
2. *La Revanche des passions. Métamorphoses de violence et crise du politique*, Fayard, 2015.

musulman. Il enflamme un discours radical contre les États-Unis et ses alliés, au premier rang desquels Israël. Ce trait d'union relie des pays appartenant au camp improprement baptisé « Sud global » par les médias pour désigner des antioccidentaux tels que la Russie, la Chine, la Turquie, l'Iran, des États des continents africain et sud-américain. L'Inde se distingue au sein de ce groupe par son soutien à Israël, principalement en raison de ses échanges soutenus avec l'État hébreu et de son conflit avec le Pakistan.

Nous sommes entrés dans une nouvelle ère. Antérieure au 7 octobre, la tectonique des plaques géopolitiques s'est remise en mouvement. Les néo-empires se sont réveillés et bouleversent l'ordre international. La Chine et la Russie veulent prendre leur revanche sur l'Occident et contestent l'« ordre international » en remodelant le monde selon leurs valeurs[1].

C'est ainsi que deux camps s'affrontent ouvertement depuis le 7 octobre : d'une part, les adversaires d'Israël, désinhibés dans leur antisémitisme nourri par la haine de l'État hébreu ; d'autre part, les soutiens au droit d'Israël à mener, telle une vigie ou un avant-poste, un combat au nom des valeurs occidentales. Une nouvelle affaire Dreyfus, mais d'ordre collectif et qui fracture le monde, de façon binaire et parfois irrationnelle, entre « pro » et « anti ». Ainsi s'explique l'onde de choc de cette guerre contre le Hamas qui traverse les chancelleries, les gouvernements et les sphères privées, en Europe et aux États-Unis.

En Occident, ce mouvement contestataire est relayé dans le monde universitaire, politique et médiatique par

1. *Cf.* à ce sujet : Bruno Tertrais, *La Guerre des mondes. Le retour de la géopolitique et le choc des empires*, L'Observatoire, 2023.

le courant militant *woke* qui combat l'universalisme en relisant l'histoire des sociétés à travers le seul prisme d'un récit dénonçant le colonialisme et le racisme d'État. Un fossé générationnel s'accroît entre partisans d'une radicalité faisant table rase des valeurs libérales et progressistes « à l'ancienne[1] ». Puisque des populations indigènes ont été persécutées durant des siècles dans l'indifférence des Occidentaux, il est de juste retour de ne pas s'émouvoir face aux actions violentes de mouvements terroristes dont l'action est contextualisée, voire excusée. C'est ainsi qu'il faut comprendre la résistance d'une partie non négligeable de l'écosystème élitaire – notamment en France – devant la proposition logique qui vise à relier le Hamas à Daesh, le Hamas lui-même se revendiquant de ces valeurs et souhaitant établir un califat en Palestine. Le rejet de cette analyse présente un double avantage : réintégrer, à tort, la barbarie du 7 octobre dans le continuum du long conflit palestinien, ce qui permet d'en atténuer la portée et ouvre la possibilité de condamner la politique d'Israël à l'encontre des Palestiniens depuis des années ; et, dans le même temps, dénier à Israël son statut de pays occidental en première ligne contre le fanatisme islamique.

Depuis des années, nous assistons à un curieux désalignement cognitif : le terrorisme est partout perçu comme tel, sauf lorsqu'il frappe Israël. L'exemple de la prise d'otages dans un théâtre de Moscou par un commando tchétchène, le 23 octobre 2002, est à ce titre édifiant : alors qu'un cinquième du peuple tchétchène avait été massacré par les Russes dans une guerre monstrueuse, les assaillants exigeaient le retrait des troupes

1. Selon la formule du politologue Pierre Valentin dans *Comprendre la révolution* woke, Gallimard, « Le Débat », 2023.

russes. Ils ne furent jamais qualifiés de résistants et l'on parla d'un acte terroriste. Jacques Chirac se souviendra même, pour justifier la brutalité russe, d'une berceuse entendue dans son jeune âge et qu'il citera librement devant les médias : « Un grand-père dit à son petit-fils : le méchant Tchétchène veut te tuer et il aiguise son long couteau. Mais ne t'inquiète pas, ton grand-père veille, dors mon petit, tu peux dormir » !

Autre exemple de l'« exception » israélienne : le 13 novembre 2023, jour anniversaire du massacre du Bataclan à Paris en 2015, il ne s'est trouvé presque aucun média en France pour évoquer à cette occasion la tragédie du festival de musique dans le Néguev transformé en bain de sang le 7 octobre précédent. Ils étaient – comme à Paris – des jeunes du monde entier, pacifistes, réunis autour de la musique et de la fête, qui furent abattus, torturés et capturés par des terroristes islamistes. Au soir du 13 novembre, sur l'esplanade du musée de Tel-Aviv, rebaptisée « place des otages », une cérémonie spéciale s'est tenue en hommage aux victimes du Bataclan. Ses organisateurs se sont déclarés solidaires de la France, qui elle aussi a souffert du terrorisme sur sa terre et dans sa chair. Aucune cérémonie du même genre ne s'est déroulée en France.

Le 7 octobre 2023, le combat djihadiste a atteint une dimension pogromiste dont témoignent les images insoutenables des exactions documentées par les terroristes harnachés avec des caméras personnelles. Un procédé hélas courant, déjà utilisé par Mohammed Merah se filmant en train d'assassiner des enfants et des familles dans l'enceinte de l'école Ozar Hatorah à Toulouse, en 2012. À l'époque, les prises de position et les appels à ne pas « faire d'amalgame » entre l'ensemble des musulmans pacifiques et les terroristes islamistes s'étaient multipliés. En 2023, les juifs n'ont pas bénéficié de ce principe ; au contraire, les autorités représentatives musulmanes et les partis d'extrême gauche ont boycotté la manifestation contre l'antisémitisme, au motif que c'eût été cautionner la politique israélienne !

Dans les manifestations en soutien aux Palestiniens, le slogan « Israël assassin » a retenti à travers le monde entier et, en France, les actes antisémites ont explosé[1]. Le « pas d'amalgame » semble de fait refusé à une communauté juive sidérée et inquiète. Le creux mantra psalmodié par les autorités, à savoir le « refus-de-voir-importé-le-conflit-israélo-palestinien-sur-le-sol-français », est déconnecté de la réalité. Car, depuis des années, ce conflit « importé » est bel et bien produit en interne, *made in France*, fait maison et en circuit court, directement du producteur (de haine) au consommateur. Le conflit israélo-palestinien fait l'objet d'une production locale à partir d'un ingrédient fondamental : l'islamisation de la cause palestinienne. Le cri « *Allah akbar !* » qui a rythmé le pogrom du Hamas a jailli de la gorge de l'assassin du professeur français Dominique Bernard et a été entendu sur la place de la République dans les manifestations de soutien à la cause palestinienne. Et ce, à l'endroit même où, le 11 janvier 2015, la foule applaudissait les chefs d'État et affichait son émotion en déclarant « Je suis Charlie ». Ce sont majoritairement les absents du 11 janvier 2015 qui forment les rangs des manifs d'octobre 2023 aux cris d'« Israël assassin, Macron complice ! ». Emmanuel Macron qui pourrait

1. Au 14 novembre 2023, le ministère de l'Intérieur dénombrait 1 518 actes antisémites commis sur le territoire français depuis les événements du 7 octobre.

faire sien le fameux adage de Churchill: «Vous avez voulu éviter la guerre au prix du déshonneur, vous aurez la guerre et le déshonneur», tant il s'est pris les pieds dans le tapis à cette occasion.

Le discernement, la nuance, l'empathie, la connaissance et l'honnêteté intellectuelle sont les victimes collatérales des massacres du Hamas. L'hypocrisie règne au sein de l'appareil élitaire qui se gargarise de progressisme, mais qui se révèle un parangon du pire des archaïsmes. À maintes reprises au cours de l'Histoire, les populations musulmanes ont été brutalisées, massacrées dans le silence et l'indifférence générale. Les Ouighours en Chine, les Rohingyas en Malaisie, les Kurdes en Iran, en Turquie, en Syrie et en Irak, et les Palestiniens… en Syrie et en Jordanie. Dans plusieurs contrées d'Afrique, sont régulièrement perpétrés des massacres qui n'émeuvent pas le moins du monde les belles consciences et les plumitifs de l'indignation. En revanche, dès lors qu'il s'agit pour Israël de répondre à une attaque cruelle sur son sol en éradiquant un proto-État terroriste prônant la suprématie de la *charia* et qui se soucie de l'avenir du peuple palestinien comme de sa première roquette, c'est le branle-bas de combat chez les antisémites qui enfilent aussitôt le masque de l'antisionisme, quitte à sacrifier l'ensemble des Palestiniens dont on sait ce qu'il adviendrait dans un califat.

L'antisionisme est un antisémitisme travesti en notion géopolitique, rien de plus. Place alors aux défilés poings levés et à des positions désormais connues: mansuétude pour les «courageux» combattants du Hamas qui égorgent des femmes, des vieillards et des enfants, indulgence face à «résistants» qui installent vaillamment des rampes de lancement de roquettes à proximité des écoles, des mosquées et des hôpitaux. En somme, le slogan des régressistes pro-Hamas pourrait être : « Touche pas à mes despotes. » Et le plus terrible dans tout cela, c'est que les Palestiniens, que toutes ces bonnes consciences prétendent défendre, sont en réalité victimes depuis des années de terroristes sans âme ni conscience. Si la situation n'était pas aussi grave, nous pourrions rire de ceux qui considèrent aujourd'hui comme crédibles les chiffres donnés par le ministère de la Santé du Hamas, mais qui, voici quelques mois, pestaient à chaque fois qu'Olivier Véran, ministre Français de la Santé, publiait ceux du Covid…

Si la France n'avait pas éteint les Lumières, si elle était restée fidèle à l'universalisme qui la caractérisa, si elle avait maintenu forte la République, jamais nous n'aurions connu un climat aussi délétère dans notre pays. Nous nous serions au contraire tous solidarisés pour faire face à la haine. Ce conflit aurait pu être l'occasion d'une formidable expression de la solidarité nationale. Au lieu de cela, il a mis en évidence la fracture ouverte entre les différentes composantes de la société française. Il a agi tout à la fois en catalyseur et en révélateur. Il a aussi mis en évidence la faiblesse, je dirais même l'indigence de l'exécutif.

Conclusion

Les Lumières au bout du tunnel

J'aimerais citer deux formules tirées de cet ouvrage cher à mon cœur qu'est *Jonathan Livingston le goéland* de Richard Bach: «Nous sommes libres d'aller où bon nous semble et d'être ce que nous sommes»; «Nous avons une raison de vivre: apprendre, découvrir, être libres.» Si seulement la société pouvait se réapproprier la notion de liberté! ai-je envie d'ajouter.

La France ne peut se suffire à elle-même, n'en déplaise à certains. C'est un doux rêve, une utopie. On ne vit pas heureux en autarcie et on ne réussit pas seul: le succès, c'est aussi l'ouverture, l'exportation de nos talents, de nos connaissances, de nos savoir-faire, de nos citoyens qui sont les meilleurs ambassadeurs de nos pays, mais aussi l'importation d'autres talents. La France rayonne encore à l'international, mais il faut aller plus loin. Le monde est concurrentiel et nous risquons de tout perdre. La France avait tout d'une grande, mais elle se fait dépasser depuis des décennies.

La France est une grande nation qui a une grande histoire, un grand marché intérieur et un vaste territoire, mais elle a un peu oublié que le reste du monde existait. Nous bénéficions d'un climat tempéré, de trois chaînes de montagnes, de surfaces agricoles, de forêts uniques, du deuxième plus grand espace maritime derrière celui des États-Unis, de 3000 kilomètres de littoral. Pour autant, nous ne sommes plus le centre du monde. Le barycentre s'est déplacé, il faut composer avec des pays qui étaient auparavant en retrait. Le Portugal, l'Espagne, la Pologne comptent désormais bien davantage. Il est urgent de s'inscrire au sein de cet univers mondialisé et de cesser de se recroqueviller. Ouvrons nos fenêtres et nos chakras ! Nous importons de grands talents du reste du monde, des ingénieurs tunisiens, des médecins libanais, car nous sommes encore attractifs. À l'ère d'Internet, dans l'univers du *peer to peer*, le monde est organisé en réseaux de neurones, loin des organisations pyramidales hiérarchisées. C'est ce maillage qui crée une intelligence collective. La France jacobine, dirigiste, centralisatrice, obsédée par l'administration centralisée, est débordée de partout. C'en est fini de la verticalité du pouvoir ! L'État doit accepter de lâcher prise.

Comment créer une horizontalité du pouvoir en France d'ici dix ans ? En cassant les structures, les grandes agences nationales, les administrations centralisées. En mettant en œuvre ce qui n'est qu'un vœu pieux depuis trente ans : une véritable décentralisation. Grâce à la régionalisation, nous serons mieux adaptés à nos concurrents. C'est ce qu'ont fait la Suisse, l'Espagne, l'Allemagne et la Belgique. Il faut administrer les citoyens au plus proche. Qui peut croire qu'un fonctionnaire parisien qui n'a jamais quitté le XVIe arrondissement est capable de comprendre des problématiques locales dans leur maillage le plus fin ? C'est aussi cela qui fait fuir les investisseurs étrangers. Je l'ai vécu du temps de Mahindra, avec mes amis et responsables indiens qui ne voulaient plus investir en France du fait de l'instabilité juridique et fiscale.

Au cœur de l'Europe, la France conserve sa place par défaut car la Grande-Bretagne a quitté l'Union européenne. La grande majorité des pays européens sont de taille modeste. La France représente 15 % de la population européenne, le deuxième PIB de l'Union européenne derrière l'Allemagne, la première puissance militaire, avec une position qui permet à notre exécutif de peser dans la balance communautaire. Notre position est centrale, mais elle ne se maintiendra pas longtemps. Notre déficit commercial avec l'Allemagne est déjà très important : nous avons des écarts de coût du travail majeurs avec les pays de l'Est. Pour devenir la locomotive de l'Europe, il nous faut passer devant l'Allemagne. Comment ? En imposant un régime drastique à l'État, pour éviter que toutes nos ressources soient épuisées par les dépenses de fonctionnement, mais aussi en provoquant un choc social pour transformer les dépenses contre-productives en ressources d'investissement. Par « choc social », j'entends suppression de toutes les aides, sauf celles à destination des handicapés, des personnes âgées et des plus vulnérables, avec en contrepartie la suppression de toutes les niches fiscales. Cette suppression pourra se faire, puisque nous aurons au préalable réformé la fiscalité pour la rendre plus progressive et plus juste.

Pour rayonner dans le monde, il faut rayonner en Europe. Nous devons parvenir à imposer notre modèle lorsqu'il aura été réformé. Faire rayonner nos valeurs est essentiel. L'Europe est un territoire où l'on ne parvient pas à s'imposer : au lieu de profiter de ses atouts, nous pesons sur l'Union européenne. C'est ainsi qu'on livre notre continent aux États-Unis. La Pologne achète des avions américains. Comment est-ce possible, alors que l'Union européenne a tant donné à ce pays qui était exsangue avant de la rejoindre ? L'Europe est une force dont nous ne profitons pas assez. Je ne suis pas un souverainiste. Le souverainisme, c'est l'isolement, le repli sur soi. Les États-Unis de Donald Trump ont tenté de revenir au modèle protectionniste: cela s'est soldé par un échec.

Concernant l'innovation et la technologie, nous avons deux options pour assurer notre protection: soit nous nous isolons et nous devenons la Corée du Nord, soit nous optons pour l'ouverture et nous devenons la Corée du Sud, qui a toujours maintenu une longueur d'avance sur les autres pays de la région. Il faut innover, aller de l'avant, produire des brevets sans fin. Il en va de même pour l'innovation sociale.

Les autres pays européens regorgent d'idées dont nous pouvons nous inspirer. Malgré ses difficultés, le Portugal est devenu très dynamique grâce aux nouvelles technologies. De nombreuses sociétés européennes y installent leur siège grâce à des dispositifs fiscaux attractifs. Surtout, l'État y reste à sa place et s'occupe uniquement des fonctions régaliennes. En plus de créer un climat positif pour favoriser l'investissement étranger et libéraliser l'économie, ce pays assure à ses citoyens un environnement social respectable et une éducation de qualité. La France doit faire de même!

Face à l'Allemagne, nous sommes pris en étau: d'une part, nous devons nous démarquer et produire un modèle différent; d'autre part, nous devons soutenir l'émergence d'un axe franco-allemand aujourd'hui défaillant, mais qui reste la seule dynamique qui vaille au sein de l'Union européenne. Pour certains, c'est une chimère. À chaque crise majeure des États membres, ou presque, Paris et Berlin prennent des voies différentes. C'est là que l'Europe tombe en panne. En partie parce que nous regardons vers le sud et que l'Allemagne regarde vers l'est. Ce n'est pas antinomique: il faut simplement trouver une dynamique qui convienne et valorise nos deux pays sans porter atteinte à l'Europe.

Depuis la crise énergétique et la guerre en Ukraine, un nouveau conflit s'est imposé entre Paris et Berlin. La France veut plafonner les tarifs de l'énergie, ce que refuse l'Allemagne, de crainte de se retrouver à court d'approvisionnements. Notre voisin d'outre-Rhin dépendait majoritairement du gaz russe et s'est retrouvé contraint de relancer une partie de ses centrales au charbon pour compenser. La présidence d'Emmanuel Macron entreprend de convaincre le plus grand nombre de plafonner les tarifs énergétiques que des millions de ménages ne pourront payer. Nous devons soutenir ce mouvement et en même temps diversifier nos sources d'énergie. C'est ce que l'Europe a en partie réalisé avec l'Algérie, le Qatar ou l'Azerbaïdjan.

La France peut être force d'initiatives dans de nombreux domaines. Notre pays ne peut pas tout se faire dicter par l'Allemagne, pas plus que par Ursula von der Leyen, non élue, qui semble marcher au diapason avec Berlin malgré son statut de présidente de la Commission européenne. Comme beaucoup, j'estime que l'Allemagne cherche à finir d'achever nos reliquats de puissance. Le philosophe Jean-Loup Bonnamy l'a parfaitement expliqué. Je reproduis ici certains de ses arguments, auxquels j'adhère à 100 % : « Dans cette période de tensions qui s'ouvre avec Berlin, il faut que Paris sorte du déni et prenne conscience de quatre axiomes fondamentaux. Tout d'abord, le couple franco-allemand est une chimère. Cette expression n'est jamais employée outre-Rhin. Déjà en 1963, de Gaulle avait été déçu par l'attitude allemande lorsqu'il comprit que la RFA ferait toujours passer son engagement au sein de l'Otan avant l'alliance française. La réunification a aggravé les choses en faisant basculer le centre de gravité de l'Allemagne vers l'est, comme l'a bien analysé Coralie Delaume dans *Le couple franco-allemand n'existe pas*[1]. Bonn, l'ancienne capitale de la RFA, n'était qu'à 250 kilomètres de Metz. Aujourd'hui, Berlin est à 800 kilomètres de Metz, mais à seulement quelques dizaines de kilomètres de la frontière polonaise. Ensuite, deuxième axiome, la France s'épuise en vain en demandant à Berlin de se montrer davantage coopératif, car l'Allemagne a, depuis sa réunification, une politique égoïste, se résumant à la stricte défense de ses intérêts nationaux. Puis, c'est le troisième axiome, l'Allemagne a opté pour une politique du "passager clandestin" vis-à-vis de l'Union européenne. L'Allemagne soutient le projet européen à chaque fois qu'elle peut en tirer bénéfice. Mais elle freine des quatre fers lorsque ce projet impliquerait qu'elle mette la main au porte-monnaie. Enfin, il y a un malentendu entre l'Allemagne et la France. Nostalgique de Louis XIV et de Napoléon, la France veut utiliser l'Union européenne pour restaurer sa puissance et retrouver son ancienne grandeur. Au contraire, traumatisée par le nazisme, l'Allemagne a abandonné toute ambition historique et a converti son ancien expansionnisme militaire (aujourd'hui maudit) en agressivité économique. L'Allemagne n'a que faire de la puissance et n'aspire qu'à une chose : sortir de l'Histoire, car l'Histoire lui a trop coûté. Surtout l'Allemagne n'a aucune envie d'aider la France à retrouver son rang[2]. »

Je n'ai rien à ajouter.

---

1. Michalon, 2018.
2. Jean-Loup Bonnamy, « Le couple franco-allemand est une chimère », *Le Figaro*, 20 octobre 2022.

En nous démarquant, en faisant renaître nos spécificités historiques, nous pouvons reprendre une place majeure dans la diplomatie mondiale, y compris dans notre rapport aux États-Unis. Nous devons prendre une place de leader des «non alignés», défendre un réel multilatéralisme. L'humiliation que nous avons vécue avec la fameuse crise des sous-marins de 2021 en est la double preuve. Premièrement, parce que Washington ne fait pas de Paris une priorité. Deuxièmement, parce que son aire d'influence, qui s'étend jusqu'au Pacifique, nous marginalise dans une région qui n'est pas acquise à notre cause. Aukus, l'alliance militaire tripartite entre les États-Unis, la Grande-Bretagne et l'Australie, qui anticipe déjà les menaces à venir en Asie et en mer de Chine, a poussé Canberra à se fournir en sous-marins américains. Cette crise semble peut-être appartenir au passé avec l'arrivée d'un nouveau Premier ministre australien en 2022, mais elle en dit long sur la solidité, l'ancienneté et la force du monde anglo-saxon face à nous. Et, hélas, l'Europe n'est pas assez puissante pour rivaliser sur ces nouveaux terrains géopolitiques majeurs.

La France aurait la possibilité de rester modestement sur sa traditionnelle zone d'influence, mais ce n'est pas simple non plus. Paris entretient un rapport compliqué avec ses anciennes colonies du Maghreb et d'Afrique subsaharienne, du fait d'une repentance entretenue par ceux des deux rives de la Méditerranée qui en ont fait leur «fonds de commerce». Les relations avec le Maghreb sont en accordéon: nous devons au maximum neutraliser nos passions et poursuivre les liens économiques entre les trois pays qui sont la clé de bonnes relations diplomatiques. Les unes ne vont pas sans les autres: si nos rapports avec le Maroc se sont tendus sous la présidence d'Emmanuel Macron, nous devons aussi rappeler à l'Algérie, au-delà de la question de ses réserves de gaz qui nous intéressent tant, qu'il est temps d'en finir avec la rengaine coloniale. On ne bâtit pas un pays, une nation sur la haine et la rancœur. Ce qui en effet peut être un ciment au moment des guerres d'indépendance devient un poison si on ne le remplace pas par une doctrine plus constructive.

Malgré la radicalisation du régime de Kaïd Saïed, la France conserve une place de choix en Tunisie. Pourtant, au moment de la révolution en 2011, les propos de la ministre des Affaires étrangères de l'époque, Michèle Alliot-Marie, qui, en pleine répression des manifestations, proposa un soutien sécuritaire au président Ben Ali, ont laissé des traces. Au-delà de cette affaire, la France navigue à vue. Elle ne se bat pas contre un régime ou un système, mais contre l'emprise croissante de la culture anglophone. De plus en plus de Maghrébins – et d'Africains en général – se tournent vers l'anglais pour des raisons stratégiques. Ils rêvent du Royaume-Uni ou de l'Amérique du Nord, de moins en moins de la France. Pour toutes les raisons que j'ai évoquées dans ces pages, beaucoup ne veulent pas quitter leur terre, où ils sont pourtant marginalisés, pour venir à Paris où la vie n'est plus ce qu'elle était. Les écarts entre les deux rives de la Méditerranée se sont en effet beaucoup réduits. Il faut leur montrer depuis leur pays d'origine qu'ils peuvent réussir en Europe.

En Afrique subsaharienne, je retiendrai l'échec de l'opération militaire française qui visait à aider trois pays, le Niger, le Burkina Faso et le Mali, aux prises avec la menace djihadiste. L'hydre islamiste est un enfer à combattre. Nous y avons pris courageusement part au cœur de la force européenne Takouba, mais cela se retourne désormais contre nous. De putsch en putsch, le sentiment antifrançais n'a eu de cesse de croître depuis des années, à tel point que non seulement nos militaires sont repartis après avoir tout fait pour essayer de soutenir ces pays, mais les juntes au pouvoir attisent en plus la haine contre nous parce que le pouvoir français a osé remettre en cause leur légitimité.

La place de la France est contestée dans un monde où les puissances anglo-saxonnes dominent. Le glissement du monde, qui s'effectue en Asie, risque bien de nous éloigner davantage de l'épicentre des grands changements. Il est essentiel pour Paris de se battre pour défendre ses valeurs universelles. Accélérons l'extension de notre *soft power* et de notre diplomatie culturelle, étendons notre influence diplomatique, notre capacité de médiation, devenons ce que certains experts en géopolitique appellent une « puissance d'initiatives ». C'est aussi cela que je veux pour mon pays. Pourquoi ? Parce que, si nous voulons prospérer à l'intérieur de nos frontières, le combat doit aussi se mener à l'extérieur, sur terre, et même dans l'espace.

Il y a vingt ans, les experts en géopolitique identifiaient les grands problèmes du XXIe siècle naissant : la fragmentation du monde, la guerre de l'information – on ne parlait pas encore de « conflits hybrides » ou d'« offensives informationnelles » – et l'avenir de l'Europe. Vingt ans plus tard, la guerre conventionnelle a fait un brusque retour sur le sol européen, balayant les naïvetés d'une Union européenne pétrie dans la certitude que de tels conflits avaient disparu. Le groupe paramilitaire russe Wagner a représenté l'avant-garde révolutionnaire d'une guerre hybride mêlant objectifs militaires, pression sur les ressources en matières premières et influence digitale. La Russie pousse ses pions en Ukraine et réduit la France à l'état de pion en Afrique.

D'autres champs de bataille ont fait leur apparition : les équipements sous-marins, câbles et gazoducs, les pôles en cours de réchauffement et leur sous-sol gorgé de minerais, matières premières de virus congelés depuis des millénaires dans le permafrost. Les grandes tendances se sont affinées. Le terrorisme n'est plus l'unique problème posé aux nations. Aujourd'hui, les crises sont multiples et simultanées : sanitaire, écologique, climatique, énergétique. Tous ces maux s'entremêlent et font peser une chape anxiogène sur les individus qui abandonnent leurs prérogatives de citoyens. Selon les pays, les urnes sont désertées ou la liberté confisquée car la peur paralyse les sociétés.

Dans ce contexte, les démocraties s'affaiblissent, les grandes institutions sont dépassées par les événements. Ceux qui en profitent sont les leaders autoritaires et les promoteurs d'une autre vie : celle du virtuel, du métavers et de l'intelligence artificielle. Troublant est le parallèle entre la montée en puissance des régimes dits « illibéraux » et la progression des techniques qui proposent un « grand remplacement » existentiel : voyager sans bouger de chez soi, échanger avec ses semblables sans les rencontrer et même créer son avatar afin de réaliser des expériences inenvisageables dans la vie réelle. Tout cela avec un bénéfice pour la planète : moins d'avions dans les airs, moins de bilan carbone, moins de dégradations et de déchets dus aux déplacements humains.

Nous commençons à peine à percevoir la portée anthropologique du confinement que nous avons vécu à l'échelle planétaire. Durant cette période, au cours de laquelle l'humanité a été enfermée et connectée, un apprentissage a été instauré à l'insu des êtres humains :

celui de la fin d'une civilisation de la proximité, remplacée par la civilisation de la distance.

Ce n'est pas tout. Au nom de l'intérêt supérieur de la préservation de l'espèce humaine, l'idée de la suspension des libertés individuelles a été acceptée et intégrée sans heurts majeurs. Les militants de la grande mutation, les entrepreneurs de l'IA et des métadonnées ont compris que leur heure était arrivée. À peine le virus de la Covid-19 était-il jugulé que les entrepreneurs de la Silicon Valley sont passés à l'action : lancement du Métavers, virtualité en accès libre et mise en orbite de l'application ChatGPT qui permet en un clic de tout écrire sur tout – après le guide de la route Waze, qui avait déjà éduqué une génération à ne plus consulter un itinéraire routier. L'IA générative de ChatGPT est le Waze des bibliothèques, des médiathèques et des cinémathèques. Plus la peine de penser, on s'en charge pour vous. Ce ne sera bientôt plus la peine de voter non plus, au rythme auquel les choses progressent. Il serait même envisagé de pouvoir voter pour des avatars ! Ceux qui se montrent sceptiques vis-à-vis de ces évolutions sont les mêmes qui n'ont pas cru à l'arrivée de l'IA dans notre quotidien. Au Japon, les livreurs commencent déjà à être remplacés par des robots et, en Corée du Sud, le personnel d'accueil des hôtels est depuis longtemps composé d'humanoïdes. La prochaine évolution du genre humain sera celle du « *Robot sapiens* ».

Sam Altman, fondateur d'OpenIA, la société qui a commercialisé l'application ChatGPT, est convaincu que l'Intelligence artificielle dominera la puissance humaine et sera la clé d'une nouvelle prospérité. Dans ce nouveau monde, la question de l'avenir du travail humain se pose entre les lignes, entre deux portes et, pour les dirigeants politiques, entre quatre yeux. Quel gouvernant osera dire la vérité à son peuple ? À savoir que plus de 300 millions d'emplois seront impactés – c'est-à-dire détruits – par le développement de l'Intelligence artificielle générative ? Selon une étude de l'université de Pennsylvanie, les métiers menacés de mort sont d'ores et déjà identifiés : interprètes, comptables, mathématiciens, chroniqueurs web, journalistes. En revanche, les métiers porteurs d'une expérience émotionnelle sont protégés[1]. Le public le comprend intuitivement : les élus qui se donnent en spectacle et se démènent afin de protéger leur rente électorale sont déjà disqualifiés, emprisonnés dans une gesticulation improductive et à côté des enjeux. Là réside depuis au moins dix ans le fameux dépassement des clivages tant seriné par Emmanuel Macron : les pleutres ne sont ni de droite ni de gauche, ils sont partout.

En 2021, Altman écrivait sur un blog : « Comparez ce à quoi ressemblait le monde il y a quinze ans (pas de smartphones), il y a cent cinquante ans (pas de moteur, pas d'électricité domestique), il y a mille cinq cents ans (pas de machines industrielles) et il y a quinze mille ans (pas d'agriculteurs) : le changement à venir sera centré sur la plus impressionnante de nos capacités, celle phénoménale de penser, de créer, de comprendre et de raisonner. » Autrement dit, les métiers requérant des qualités de créativité et d'innovation seront sauvés du tsunami de l'IA. Paradoxale conclusion de la part de celui qui se dit convaincu que l'IA est sur le point de supplanter l'intelligence humaine.

L'accélération des avancées est telle qu'elle déclenche une réaction de panique chez nombre de chercheurs renommés dans l'IA. Ceux-ci ont lancé un appel aux

1. Nicolas Bastuck, « Intelligence artificielle : le big-bang du travail », *Le Point*, 18 mai 2023.

géants du secteur pour un moratoire qui a recueilli plus de cinq mille signatures. De grands noms tels que Steve Wozniak, cofondateur d'Apple, Yoshua Bengio, prix Turing, pionnier de l'apprentissage profond (*deep learning*), Pattie Maes, chercheuse au MIT, ou l'incontournable historien Yuval Noah Harari, prennent peur devant la tournure des événements. Harari, qui a démontré comment l'homme était en passe de devenir l'égal de Dieu (*Homo deus*) avec la fusion de la biotechnologie et de l'informatique, souhaite une pause dans les avancées. Elon Musk lui-même, après avoir investi dans OpenIA, se range désormais sous la bannière des lanceurs d'alerte. À ce sujet, Sam Altman reconnaît la nécessité d'une régulation et de principes de gouvernance démocratique. Par conséquent, un métier devrait connaître un essor surprenant : celui de philosophe appliqué, également appelé « éthicien ». Cette profession sera de plus en plus demandée, afin de réfléchir aux questions d'éthique à poser en amont d'un programme d'intelligence artificielle. Car le principe de la démarche de l'IA est de répondre à une question. En pastichant une célèbre formule de Woody Allen, on pourrait dire pour expliquer le fondement de l'IA : « Les réponses, je les connais, mais quelle est la question ? »

L'extinction de la liberté est l'équation du XXIe siècle au mitan de ses années vingt. Avec une inconnue : comment se comporteront les jeunes lorsqu'ils avanceront en âge ? Pour l'heure, ils représentent une génération anxieuse, politisée, plus encline à respecter les rapports du Giec que les gouvernements. Une génération qui refuse de se projeter dans l'avenir car la catastrophe climatique est, selon elle, inévitable. Cette jeunesse radicalisée accepte ainsi l'idée que l'on puisse suspendre des libertés pour préserver la planète. « Ç'a été le cas au temps du Covid pour sauver les vieux, pourquoi ne pas l'envisager alors que le nombre de victimes prévues du fait des changements climatiques est autrement plus considérable ? » Tel est l'argument souvent porté par des jeunes dont l'inquiétude pour le climat tient lieu de nouvelle conscience politique. Restreindre les déplacements et les naissances, imposer des confinements tournants à l'échelle des pays, tels sont les exemples de solutions mises en avant par une génération qui enrage devant l'indifférence – ou, pire, les faux-semblants – face à la dégradation de la planète. La révolution technologique vient compléter ce dispositif potentiellement liberticide.

Nous assistons tout bonnement à l'émergence d'un nouvel obscurantisme. Il suffit d'observer la forme terrifiante des discours de Greta Thunberg. Si la militante écologiste suédoise trouve un tel écho auprès des jeunes, c'est avant tout parce que les responsables politiques qui dirigent les démocraties occidentales depuis des décennies ont cessé de penser. Ils se sont contentés de gérer, voire de subir, comme si l'humanité avait soudain arrêté d'évoluer et abandonné sa capacité d'innovation sociale. Comme la nature a horreur du vide, celui-ci a été comblé par différentes formes de radicalisme, religieux ou écologique.

Dans un tel contexte, je pense qu'il est urgent de « rallumer les Lumières » et de renouer avec la créativité des pères fondateurs de la démocratie moderne. Souvenons-nous que la simple lueur d'une bougie suffit à rompre la plus profonde des obscurités. Cela devrait nous aider à garder l'espoir. Je crois profondément en la résilience humaine, dont notre espèce a déjà fait preuve à de nombreuses reprises dans l'Histoire. Gageons que, cette fois encore, ce sera le cas.

Annexe 1

Nous sommes tous des Français musulmans

(LePoint.fr, 10 mars 2012)

Tribune écrite dans la nuit qui a suivi le débat entre Nicolas Sarkozy et Marine Le Pen pendant la campagne des présidentielles de 2012.

Nous sommes tous des Français musulmans. Depuis tout jeune, j'ai développé un amour immense pour la France, mon pays. Celui que j'aime tellement que la moindre incivilité me révolte. Les repas de fête le jour de Noël à la cantine de mon école communale, Pâques et ses œufs au chocolat, les cathédrales qui jalonnent la route des vacances. Il n'y a jamais eu le moindre doute dans mon esprit de fils d'immigrés : la France est un pays aux racines chrétiennes profondément ancrées. J'ai d'ailleurs été le premier à bondir lorsque le maire de Paris a remplacé la crèche de Noël du parvis de l'hôtel de ville par une patinoire ou, plus récemment, quand j'ai appris que l'administration judiciaire avait refusé d'installer le traditionnel sapin dans le hall du tribunal de Strasbourg. Un pays qui, fort de son héritage, a néanmoins su séparer l'Église de l'État afin de permettre l'émancipation des hommes et l'égalité entre les cultes. Un modèle unique et exemplaire comme la France sait en créer.

Ces dix dernières années, la crainte de la mondialisation, le néocolonialisme de l'Occident et les bouleversements géopolitiques ont provoqué l'émergence de mouvements qui tentent de porter atteinte à l'intégrité de la République en remettant en cause ses fondamentaux, contestant parfois même les racines et traditions françaises.

Donc, quand un certain nombre de nos gouvernants se sont mis en tête de défendre l'identité de la France, je n'ai pas vu immédiatement qu'il s'agissait d'un faux nez, d'un leurre électoral. Étant très attaché à la préservation des traditions françaises et au respect de son histoire, j'y ai cru, comme la plupart de nos compatriotes.

Malheureusement, force est de constater que cette défense tourne à l'obsession antimusulmane. Le président-candidat a même franchi le Rubicon hier en faisant des cantines halal et de la lutte contre l'immigration les principaux thèmes de son meeting. L'étranger, ou celui qui est considéré comme tel, serait donc le responsable de tous nos maux.

J'ai acquis la conviction qu'en matière de discrimination la neutralité finit toujours par conduire à la complicité. Nous n'avons donc plus le droit de garder le silence, nous devons dire stop et affirmer :

Que la communautarisation n'est pas la cause mais la conséquence de nos problèmes, à commencer par le chômage de masse, la décrépitude du système scolaire mais aussi le vieillissement de nos institutions démocratiques. Le repli identitaire n'est d'ailleurs pas l'apanage des musulmans mais concerne toutes les religions. C'est ainsi que le Consistoire israélite de France est de plus en plus marginalisé par les mouvements orthodoxes et que les intégristes de la Fraternité Saint-Pie X sont récemment revenus en grâce.

Que l'intégration n'est pas une démarche unilatérale, mais un processus mutuel impliquant l'accueillant et l'accueilli. Il suffit de prendre pour exemple les juifs. Ceux-ci ne se sont réellement intégrés à la société française que lorsqu'elle les a reconnus comme une partie intégrante d'elle-même en 1789. Le divorce entre une partie de nos concitoyens héritiers de l'immigration et la France n'est, selon moi, que l'expression exacerbée d'un divorce plus global entre le peuple français et ses dirigeants. La France ressemble à un malade de la varicelle qui incrimine les boutons qui le démangent, oubliant que ceux-ci ne sont que la manifestation visible d'un mal plus général et plus profond.

Que la stigmatisation d'une catégorie de la population conduit à une division profonde de la société française qui devient peu à peu un empilement de communautés entretenant une double défiance, à la fois entre elles et vis-à-vis des pouvoirs publics.

L'utilisation de grandes causes comme la laïcité ou même, dans le cas du halal, de la condition animale à des fins électoralistes est une escroquerie intellectuelle qui contribue à discréditer ces valeurs.

Une loi dont on applique la lettre sans l'esprit est comme un corps sans âme. Par démagogie, les gouvernements successifs ont transformé les valeurs républicaines en cadavres, au point de les dénaturer.

La laïcité édictée à l'époque pour garantir l'égalité de tous les cultes vis-à-vis de l'État est ainsi devenue l'instrument de domination d'une catégorie de Français sur les autres.

Est-ce à dire que je suis pour les prières de rue, le voile intégral ou les prédicateurs fous ? Bien sûr que non. Je pense juste qu'il n'est pas nécessaire de stigmatiser une partie de nos concitoyens pour lutter contre un phénomène grave mais marginal. Il suffit d'invoquer le trouble à l'ordre public pour faire appliquer la loi républicaine, toute la loi mais rien que la loi.

Les lois de circonstance visant une catégorie de population, voilà ce qui me semble être une vraie menace pour l'intégrité de la République. « Moins d'incantations et plus d'actions », c'est le slogan que je conseillerais aux candidats à l'élection présidentielle. Accepter que certains soient stigmatisés pour conjurer nos peurs, c'est s'exposer tôt ou tard à l'être soi-même. C'est pour cela que je pense à cet instant que nous sommes tous des Français musulmans.

Annexe 2

Pour sauver la République, cette focalisation sur l'islam doit cesser

(Nouvelobs.com, 2 octobre 2012)

Sous certains aspects, l'ambiance actuelle ressemble à celle qui dominait à la fin du XIXe siècle en pleine affaire Dreyfus, sauf que le capitaine juif est symboliquement, et toutes proportions gardées, remplacé par une communauté tout entière. Peu à peu, la France se clive entre les partisans et les antis. Tout le monde a son avis et doit se situer par rapport à la question, ça tourne à l'obsession.

Comme à l'époque, la presse est toute mobilisée, tellement focalisée qu'on a l'impression que la France est envahie de musulmans, puisque c'est d'eux dont il s'agit. C'est la redoutable technique du coup de projecteur.

Chaque Français musulman devient le suppôt potentiel d'un grand complot et doit donc être à ce titre condamné sans autre forme de procès. La communauté musulmane est ainsi otage d'une polémique qui la dépasse, utilisée comme chiffon rouge par un pouvoir politique incapable de vaincre la crise.

Qui sera le Zola d'aujourd'hui ?

Oublié, le chemin parcouru par tous ces enfants d'immigrés qui, respectant scrupuleusement les règles du jeu, sont devenus une composante à part entière de la société française.

Alors qui va, à l'instar de Zola en 1898, saisir sa plume et écrire le « J'accuse » d'aujourd'hui ? Qui va enfin dénoncer la supercherie des Tartuffes qui nous dirigent et de la presse qui joue les vassaux tout en feignant d'être libre ?

Oui, il est temps de dénoncer l'hypocrisie des véritables responsables de la déliquescence dans laquelle sombre peu à peu notre pays. Ceux qui agitent le chiffon rouge de l'islamisme radical pour nous faire oublier que cette forme effrayante de contestation trouve ses sources dans le chômage de masse, la ghettoïsation des populations, la perpétuation de l'arrogance coloniale et un abandon total des valeurs voulues par les fondateurs de la République.

Dénoncer le cynisme d'un pouvoir politique qui souligne l'absence d'intégration de certains et entretient dans le même temps l'absence totale de représentativité de toutes les institutions. Ce pouvoir qui consacre la reproduction consanguine des élites en invoquant dans le même temps l'égalité des chances.

Instrumentalisation de la peur

Ces gouvernements qui instrumentalisent la peur à des fins électorales mais renoncent à faire respecter la sécurité républicaine dans tous les quartiers de France, car c'est là qu'est le problème majeur. Le voile intégral, la montée du salafisme, l'hyperviolence, le racisme et l'antisémitisme dans les banlieues, tout cela pourrait être combattu avec l'arsenal législatif et les moyens existants sans qu'il soit nécessaire de renvoyer à la figure de chaque musulman ses origines.

Qui écrira : j'accuse les dirigeants successifs de ce pays d'avoir renoncé à sanctuariser l'école, cette formidable usine à produire de la cohésion sociale. Qui enjoindra la presse à cesser cette focalisation malsaine qui sacrifie nos concitoyens musulmans sur l'autel du Saint Audimat.

Qui enfin accusera les grands responsables politiques d'avoir dévoyé les valeurs de la République. Comment interpréter autrement l'audace avec laquelle Mme Le Pen souhaite, au nom de ces valeurs, interdire le foulard et la kippa dans l'espace public ? Comment interpréter autrement le jugement de valeur que M. Fillon a osé porter sur l'abattage rituel, le qualifiant de tradition dépassée alors qu'il considère la corrida comme une coutume régionale respectable ?

On prétend combattre l'extrémisme islamiste d'une main et on vend de l'autre nos banlieues au Qatar, principal exportateur de ce même extrémisme dans le monde. Toutes ces incohérences, nos concitoyens musulmans les constatent et les vivent au quotidien et nul doute que cela influence leur attachement au pays dont ils ont pour la plupart la nationalité.

Ne pas abandonner les musulmans aux griffes des intégristes

Je finirais en m'octroyant un droit de réponse *a priori*.

Après chacune des tribunes que j'écris sur ce thème, je subis diverses accusations. On me traite, pour les plus gentils, de naïf ou d'aveugle et pour les plus méchants de lâche ou de traître. Je souhaite répondre que je suis parfaitement conscient que certains territoires sont gangrenés par des extrémistes islamistes qui distillent la haine et l'obscurantisme. Je ne cherche en aucun cas à les dédouaner.

Mais je souhaite aussi répondre que la vraie lâcheté, c'est celle qui consiste à abandonner nos concitoyens musulmans aux griffes de ces faux religieux dégénérés. Chacun de nos renoncements est un argument de plus apporté à l'escarcelle de ceux qui essaient de les convaincre que la seule option est le repli identitaire. Par cette attitude de globalisation, de stigmatisation, par cette absence de discernement, nous devenons les alliés objectifs et providentiels des extrémistes.

Et quand bien même, comme l'avancent certains, les « modérés » ne seraient qu'une minorité, aurions-nous pour autant le droit de les laisser choir au lieu d'en faire au contraire des exemples ?

Jean de La Fontaine illustre subtilement cela dans « Le Loup et l'Agneau », quand pour justifier qu'il va le tuer, le loup accuse l'agneau d'avoir médit de lui l'an passé. Et à l'agneau qui lui répond que l'an passé il n'était pas né, le loup répond : « Si ce n'est toi, c'est donc ton frère. »

Je refuse pour ma part de condamner un homme à cause d'un autre, fût-il son frère.

Annexe 3

EURO 2012

(Nouvelobs.com, 1er juillet 2012)

À chaque grande compétition de football, nous avons droit au même refrain. De nombreux « patriotes », au premier rang desquels nous trouvons Marine Le Pen, nous expliquent qu'ils ne se reconnaissent pas dans cette équipe de France de football, sous-entendant qu'elle n'est pas représentative de notre pays. Principaux arguments : l'origine des joueurs, leur couleur de peau et leur niveau de fortune, comme si c'étaient ces attributs qui établissaient l'appartenance de quelqu'un à la communauté nationale.

Eh bien malheureusement, nous pensons que c'est tout l'inverse.

S'il est vrai qu'être tout à la fois noir, riche et sportif n'est pas très représentatif, l'équipe de France n'est que trop à l'image de notre pays. C'est d'ailleurs pour cela qu'elle perd comme la France perd dans le monde sur tous les plans (commerce international, influence diplomatique, implantations industrielles, etc.). Ci-dessous les huit attributs qui rapprochent l'équipe de France de football des Français.

1. *Indiscipline :* chacun des joueurs pense qu'il est le meilleur, qu'il détient la vérité et trouve toutes les bonnes raisons du monde pour ne pas obéir au chef, allant jusqu'à lui manquer de respect. Cette indiscipline, nous la retrouvons dans toutes les strates de la société française, elle porte le nom d'incivilité.

2. *Individualisme :* incapable de s'effacer au profit du groupe, le joueur de football de l'équipe de France oublie qu'il fait partie d'un collectif. Notre pays regorge ainsi d'excellentes individualités que nous n'arrivons pourtant pas à rassembler en un collectif de qualité. Nous avons les meilleurs ingénieurs, les meilleurs chercheurs, les meilleurs artisans, les meilleurs médecins, mais cela n'en fait pas pour autant un collectif efficace.

3. *Absence d'identification :* les joueurs ne s'identifient pas au pays et au maillot pour lequel ils jouent. Ce n'est d'ailleurs pas uniquement valable pour le football. Du coup, pas de fierté de jouer pour son pays = pas de résultats. Et qu'on ne vienne pas nous expliquer que c'est la France qui les rejette. Un Mario Balotelli, joueur noir de l'équipe d'Italie, a propulsé son pays en finale de l'Euro alors qu'il a fait l'objet d'immondes attaques racistes, c'est sa revanche et elle est savoureuse.

4. *Frustration :* tout le monde sait que les joueurs ne sont pas libres d'exercer leur créativité et qu'ils sont même intimidés par un petit groupe de caïds. Cette façon de vouloir faire rentrer les gens dans un moule, de les formater à une pensée unique n'est-elle pas si française ? Un gars aussi talentueux que Gourcuff a été complètement étouffé, comme le sont les éléments à plus fort potentiel lorsqu'ils sont isolés dans des structures qui ne leur correspondent pas.

5. *Déresponsabilisation :* malgré l'absence chronique de résultats, personne n'ose dénoncer les responsables. On nous fait croire que le groupe est solide, qu'il a ses chances. On ne sanctionne jamais les coupables. La France est passée maîtresse dans l'art d'individualiser les réussites et de collectiviser les échecs ou les pertes. Ainsi, on ne dénonce jamais vraiment les responsables.

6. *Arrogance :* quand la France a vu les résultats du tirage au sort pour les matchs de poule, elle s'est réjouie d'être dans un groupe « ouvert ». Remake de la Coupe du monde de 2010 où elle est arrivée dernière de sa poule ! De la même

manière, nous, Français, donnons constamment aux autres des leçons de vertu, sans être véritablement capables de balayer devant nos propres portes.

7. *Idéalisation du passé :* on ne parle que de 1998, on en a même fêté les dix ans en 2008. On n'entend que les anciens de 98, un peu comme cette France qui oublie que le monde avance, qui marche à reculons, gardant les yeux sur sa gloire passée, vivant à crédit sur les réalisations de Louis XIV, de Napoléon et du général de Gaulle.

8. *Hyperstructure inefficiente :* le football français a un budget pléthorique, des frais de fonctionnement astronomiques, des structures hyperdéveloppées et pourtant des résultats médiocres. Comment ne pas rapprocher cela de nos autres institutions que sont le Pôle emploi ou certains ministères comme ceux de l'Éducation nationale ? Comment ne pas faire cette analogie entre la taille de l'institution, son budget, et une obligation de résultat ? On retrouve aisément le concept de ces hyperstructures à la française qui, au mieux, ne font rien, au pire, échouent dans leur mission.

Alors désolé de vous décevoir, madame Le Pen, mais oui, l'équipe de France est à l'image triste mais bien réelle de la France d'aujourd'hui. Seul espoir dans tout cela, notre pays a démontré à travers l'histoire qu'il disposait d'une formidable capacité de rebond. Souhaitons juste que nous ayons touché le fond afin de donner l'impulsion de ce rebond.

Annexe 4

DAVID ASSOULINE OU L'ANTIBIOTIQUE DU RACISME

(*Huffington Post*, 5 septembre 2014)

Valeurs actuelles, un peu provocateur, affiche en une le titre « L'ayatollah » sur une photo de Najat Vallaud-Belkacem. Il n'en fallait pas plus pour que le député David Assouline crie aux orfraies et nous ressorte la tarte à la crème habituelle du racisme, ce dont l'intéressée elle-même ne s'est pas plainte.

En effet, Najat Vallaud-Belkacem, en plus d'être intelligente, est assez fine pour savoir que lorsqu'on arrive à ce niveau de responsabilité, on est la cible de critiques. Maniant parfaitement la langue française, elle connaît la signification de ce mot passé dans le langage courant, mais aussi le côté provocateur des organes de presse qui courent après le tirage.

Mais c'était sans compter avec les socialistes gardiens de la pensée unique. Ceux qui depuis des décennies ont mis la France sous coupe réglée intellectuelle et morale. À la tête de cette police de la pensée, David Assouline, le cofossoyeur de l'antiracisme avec Harlem Désir.

David Assouline est au racisme ce que les antibiotiques sont aux bactéries. Les antibiotiques, ces principes actifs médicaux essentiels qui perdent totalement de leur efficacité et renforcent même le mal qu'ils sont censés combattre lorsqu'on en abuse et qu'on les utilise à mauvais escient. L'instrumentalisation du racisme par les socialistes a conduit à une catastrophe en matière de vivre-ensemble, divisant au lieu d'unir.

Ce qui choque en premier lieu, c'est que cet antiracisme est sélectif. Il ne dépend pas de la cible mais de la source. Ce n'est pas tant la victime qui compte que l'auteur. Qu'un individu de droite ou pire d'extrême droite tienne un propos tendancieux et il est immédiatement cloué au pilori, action judiciaire à la clé. Qu'une personne classée à gauche tienne d'abjects propos racistes, elle en sera quitte pour un entrefilet dans la presse. C'est comme cela que Manuel Valls enchaîne les portefeuilles ministériels après avoir odieusement vilipendé les Noirs alors que Brice Hortefeux est condamné pénalement pour une blague certes déplacée et indigne. La même une dans *Marianne* n'aurait sans doute fait l'objet d'aucune réaction. Les deux grands piliers de la pensée unique que sont le Syndicat de la magistrature et une partie de la presse ont instauré une présomption d'humanisme pour les gens de gauche et de fascisme pour ceux de droite. Pas étonnant dès lors que ces derniers soient si complexés sur les questions de citoyenneté lorsqu'ils sont au pouvoir.

Imaginez seulement la mobilisation qu'auraient engendrée les « mort aux juifs » scandés lors des manifestations de juillet si leurs auteurs avaient été des militants FN. Nous aurions eu tout le gratin des bobos bien-pensants dans la rue, mais là, rien. Quasiment aucune réaction à l'exception d'un délégué national des Verts qui a trouvé cela bien mérité pour les juifs qui, je cite, « transforment les synagogues en ambassades ».

Samia Ghali et bien d'autres élus et militants de gauche pourraient pourtant témoigner du fait que le racisme n'est pas l'apanage de la droite, tant s'en faut.

En second lieu, le souci, c'est que cette accusation clôt systématiquement tout débat, alors que notre pays a plus que jamais besoin d'échanges publics autour des questions d'identité et de rapport à la citoyenneté. L'ineptie de cet état d'esprit atteint son sommet lorsque l'on évoque certains sujets comme l'esclavage. Demandez à M. Assouline pourquoi le débat autour de cette question se concentre systématiquement sur l'infâme esclavage transatlantique en éludant les autres formes. Peut-être vous répondra-t-il comme Mme Taubira, auteure d'une loi sur le sujet, qu'il s'agit de ne pas froisser certaines catégories de population qui souffrent déjà assez du sort qui leur est réservé en France ! C'est toujours la même logique qui prévaut.

En agissant ainsi, David Assouline et sa bande discréditent cette cause essentielle en obérant l'aspect universel du combat contre le racisme. Ils en font une cause partisane. Un faire-valoir personnel qui va faire parler d'eux le temps d'une polémique. Un concept marketing, en somme. Les socialistes catégorisent les populations comme Auchan segmentant ses clients. À cause de cette logique, la France s'est transformée en quelques années en un mille-feuille de communautés qui entretiennent entre elles des relations qui vont de l'indifférence à la défiance. Le modèle républicain si vertueux a été mis à sac.

Cette instrumentalisation de l'antiracisme conduit à une saturation qui empêche la dénonciation des vrais actes et comportements racistes. De ce racisme du quotidien qui mine le vivre-ensemble. À force de crier au loup…

David Assouline nous ressert donc les vieilles recettes, mais les Français ne veulent plus de sa cuisine. Une question se pose alors : n'est-il qu'en service commandé ? Peut-être lui a-t-on demandé de brouiller un peu l'atmosphère de fin de régime que le pouvoir socialiste a réussi à instiller en deux ans d'exercice du pouvoir.

Annexe 5

France, quand le porc détrône le coq

(*Huffington Post*, 18 mars 2015)

Avant le 17 mars 2015, je pensais que l'animal symbole de la France était le coq, fin, élégant, fier sur ses ergots, lève-tôt, directif, trônant au milieu de la basse-cour et réveillant de son cri les travailleurs pour les appeler à la tâche.

Or, je viens de me rendre compte que dans l'esprit de nombre de nos concitoyens en général et de certains politiques en particulier, c'est désormais le porc qui permet de se définir comme français et républicain.

Le porc a détrôné le coq qui, il est vrai, a le défaut majeur de brouiller les pistes en étant aussi halal et casher.

Plus de repas de substitution dans les cantines lorsqu'il y a du porc au menu ! Voilà, c'est dit, enfin la France s'affirme, elle ne se laissera plus marcher sur les pieds par ces envahisseurs qui veulent imposer leurs coutumes barbares. La République est enfin de retour et c'est à dos de cochon qu'elle revient.

Au début, j'ai cru que cela provenait du *Gorafi* tant le fond comme la forme de cette annonce semblaient irréalistes et pourtant, c'est la réalité, celle d'un pays exsangue, a l'arrêt, complètement en panne d'idées et de ressources, qui a fait du rejet de la différence son ultime ciment. Un pays où affirmer avec verve qu'on va priver des enfants de repas à la cantine est considéré comme un argument qui peut permettre de gagner une élection.

Cette annonce est en réalité une régression majeure, c'est une double absurdité enrobée dans une odieuse manipulation politique, et je m'en explique.

C'est d'abord une absurdité sociale et éducative : l'école publique, laïque et obligatoire est le terreau de la connaissance mutuelle indispensable au vivre-ensemble. Elle offre la possibilité à tous ceux qui la fréquentent de s'ouvrir aux autres et de s'armer pour lutter contre les préjugés encore si forts aujourd'hui. En refusant les repas de substitution, on chasse peu à peu certaines catégories de population de ce lieu, ce qui va contribuer à exacerber une situation déjà calamiteuse de ghettoïsation.

C'est ensuite une absurdité légale : de quel droit prive-t-on des enfants de repas au motif qu'ils pratiquent une religion ? Par quelle construction intellectuelle ou juridique arrive-t-on à une telle conclusion ? Où est-il écrit dans la Constitution que ceux qui vivent en France doivent renoncer à leur religion s'ils veulent bénéficier des services publics auxquels ils contribuent financièrement de surcroît ? On invoque la laïcité, sauf que la laïcité, c'est précisément l'inverse. En séparant l'Église de l'État, ses concepteurs et théoriciens ont cherché la neutralité des pouvoirs publics. L'abbé Grégoire doit se retourner dans sa tombe en voyant ce que ses successeurs font de ce merveilleux principe. Je suis pour les repas de substitution autant que je suis pour que l'on continue à servir du poisson le vendredi.

Cette mesure est, pour finir, une odieuse manipulation politique car on mélange tous les sujets, créant une grande confusion dans l'esprit des Français.

Instaurer des cantines halal aurait été effectivement une atteinte au principe de neutralité des pouvoirs publics, mais ce n'est pas de cela qu'il s'agit en l'espèce. Il s'agit de continuer à faire ce qui se fait depuis que la cantine scolaire existe : proposer de la volaille ou des œufs lorsqu'il y a du porc au menu pour que des enfants ne restent pas le ventre vide en regardant leurs copains manger. Il faut que nous soyons tombés bien bas pour considérer cela comme choquant voire anticonstitutionnel.

L'apogée du cynisme politique est atteint lorsqu'on invoque les valeurs républicaines pour justifier cette mesure réactionnaire et antirépublicaine. Cette mesure qui trahit la lettre et l'esprit de notre Constitution, dont les fondements sont l'Égalité et la Fraternité.

Enfin, ce débat intervient alors que la France et le monde connaissent une vague de violences de mouvements sectaires se réclamant de l'islam. Face à cela, les élus devraient mener un travail de pédagogie envers les Français légitimement inquiets, mais aussi envers ceux qui pourraient être tentés par la radicalisation. Au lieu de cela que font certains ? Ils accroissent le sentiment de rejet par des mesures iniques, ciblées, brutales, injustes et électoralement opportunistes. Daesh peut se frotter les mains, ses rangs n'ont pas fini d'enfler.

Ce qui marque le plus dans cette affaire, c'est la faiblesse de la ministre de l'Éducation qui s'est laissé enfermer dans ses origines. Elle semble complexée. Cet exemple d'intégration républicaine est depuis des mois l'objet des pires attaques. Montages photos la grimant voilée et autres placards crapuleux la présentant comme un suppôt de « l'islamisation de la France », et elle est tombée dans le piège.

Madame la ministre, de grâce, réveillez-vous et affirmez que, tant que vous serez ministre de l'Éducation nationale, il continuera à y avoir des repas de substitution dans les cantines et du poisson le vendredi, non pas parce que vous êtes musulmane mais simplement parce que vous êtes en tant que Française une digne héritière de l'humanisme issu des Lumières.

Annexe 6

Aubervilliers ou le sens de l'à-propos

(*Atlantico*, 29 juillet 2016)

Tribune publiée après que la ville d'Aubervilliers eut décidé de nommer citoyen d'honneur un terroriste condamné : Marwan Barghouti.

La grande nouvelle est tombée hier pour la ville d'Aubervilliers. De haute lutte, la majorité au pouvoir dans la ville a enfin réussi. Réussi à quoi, allez-vous me demander ? Endiguer la délinquance qui ronge ses rues ? Alléger le fardeau de la pauvreté qui pèse sur nombre de ses administrés ? Permettre à des jeunes d'accéder à l'emploi, à la culture ? Lancer un plan d'urbanisation harmonieux et durable ? Mettre en place un grand plan de soutien scolaire prérentrée ? Non, rien de tout cela. En fait, en première instance, un tribunal l'avait déboutée d'une demande.

La cour d'appel de Versailles a confirmé cette décision, mais la ville va utiliser une faille juridique pour mettre en œuvre son projet : nommer un Palestinien citoyen d'honneur de la ville.

Bon, après tout, pourquoi pas ? Comme je le dis dans mon propos introductif, la mairie d'Aubervilliers a un sens bien singulier des priorités. Mais il est somme toute légitime pour une ville de vouloir honorer la cause d'un peuple qui se bat pour accéder à une existence digne. À ce stade, nous sommes pressés de découvrir qui est ce personnage. Essayons-nous donc au jeu des devinettes :

Ashraf Fayad ? Poète palestinien condamné à mort pour apostasie par le régime saoudien ? Si c'était lui, je me précipiterais pour participer à la cérémonie de nomination.

Hanan Al-Hroub ? Enseignante palestinienne qui aide les enfants témoins de la violence qui règne dans cette région à se reconstruire ? C'eût été un beau symbole. Montrer aux jeunes d'Aubervilliers à quel point l'instruction est la clé de tout et que, même dans des territoires en guerre, l'école continue.

Samia Nasser ? Une Palestinienne qui a monté avec Hadas Lahav, journaliste juive israélienne, une association pour promouvoir la paix par le développement du commerce équitable ? Tout un symbole de promotion du vivre-ensemble et de la fraternité interculturelle avec, en toile de fond, le message « si c'est possible là-bas, ça l'est *a fortiori* ici ». Quelle formidable occasion de réunir des Français de toutes confessions autour de cette nomination ! On imagine déjà tous les événements que la ville pourrait organiser. Inviter les récipiendaires à parler de leur expérience, en tirer les conclusions et peut-être même s'inspirer de cela pour promouvoir le vivre-ensemble à Aubervilliers.

Eh bien non, aucun de ces trois, ni d'ailleurs aucun des Palestiniens musiciens, médecins, poètes, avocats, associatifs, qui tentent de dépasser la haine pour construire l'avenir avec leurs voisins.

La ville d'Aubervilliers a choisi un terroriste. Oui, vous lisez bien, un terroriste. Et pas de ceux qui font sauter des infrastructures ou hackent les ordinateurs, un vrai, avec du bon sang bien rouge de civils sur les mains : Marwan Barghouti. Beau sens de l'à-propos de la part d'Aubervilliers.

Alors que des terroristes nous ont déclaré une guerre sans merci. Alors que des enfants sont morts, tués à bout touchant à Toulouse ou écrasés par un camion à Nice. Alors qu'un prêtre vient d'être égorgé dans son église en plein office et que des centaines d'individus projettent de faire pareil, les élus d'Aubervilliers se vantent d'honorer un terroriste en allant à l'encontre d'une décision de justice de surcroît. Cela doit nous interpeller à plusieurs titres :

Premièrement, quel message la ville envoie aux jeunes tentés par la radicalisation, ces individus qui voient déjà, pour certains, les Merah, Kouachi et consorts comme des combattants, voire des héros ?

En second lieu, comment ensuite promouvoir le vivre-ensemble dans la ville ? Alors qu'on sait que la plupart des actes antijuifs, par exemple, sont commis « pour venger les Palestiniens ». Notons au passage que le « pas d'amalgames » n'est pas valable pour tous.

Et enfin, en nommant Marwan Barghouti citoyen d'honneur de la ville, Aubervilliers cautionne le mode opératoire de cet homme, à savoir le terrorisme. Comment expliquer ensuite que ce qui est bien là-bas est mal ici ? Comment justifier que Marwan Barghouti soit un « résistant » et Salah Abdeslam un terroriste ? Après tout, chacun se bat pour une cause qui lui paraît juste. Qui sommes-nous pour juger ? Qui sommes-nous pour décider que la politique israélienne est condamnable mais pas les bombardements meurtriers des Occidentaux sur l'Irak ? Qu'il est légitime de lutter contre Israël pour sa politique dans les territoires mais pas contre les USA ou la France pour leurs actions en Syrie ?

En matière de terrorisme, il ne peut y avoir deux poids, deux mesures. Il n'y a pas le bon terrorisme et le mauvais terrorisme. Il n'y en a qu'un, sauvage, monstrueux, aveugle et stérile. Qu'il frappe sur un marché d'Alger, une rue de Paris, à Bagdad, Ankara ou dans un bus à Tel-Aviv. Aucune cause ne peut le justifier car il ne fait jamais progresser la cause qu'il prétend défendre. Il détruit une société de l'intérieur et la traumatise durablement, c'est un cancer à combattre sans concessions. Il n'a ni frontières ni religion.

Mais ce qui m'interroge le plus dans tout cela, c'est la motivation des élus d'Aubervilliers, et par extension la façon dont la cause palestinienne est abordée en France. Elle est systématiquement abordée de façon négative, par opposition. Les défenseurs de cette cause ne sont pas des propalestiniens, comme pourrait et devrait l'être tout humaniste, ils sont anti-Israéliens. Ils n'ont cure du sort du peuple palestinien, ce qui les intéresse, c'est la haine d'Israël et le déni de son droit à l'existence. Deux preuves de cela :

Preuve 1 : le sort des Palestiniens n'intéresse que quand ils sont victimes des Israéliens. Quand ils sont par exemple massacrés par les Syriens dans le camp de Latakieh, cela n'intéresse personne. Sarsak, footballeur palestinien en grève de la faim dans une prison israélienne, mobilise dans le monde entier, mais pas Ashraf Fayad, poète palestinien condamné à mort en Arabie saoudite et dont j'évoquais le sort plus haut. On pourrait multiplier les exemples à l'infini.

Preuve 2 : le fameux boycott des produits israéliens. L'hérésie économique et sociale absolue, l'illustration de l'action contre-productive dont le seul but est de nuire à l'ennemi déclaré même si au passage on enfonce ceux que l'on est censé soutenir. Hormis l'aspect plus que douteux du principe qui revient en réalité à boycotter les produits juifs, le boycott touche les produits de grande consommation fabriqués ou cultivés essentiellement par des ouvriers palestiniens dans les territoires. L'impact macroéconomique est insignifiant pour Israël mais ravageur pour la fragile économie palestinienne. En enfonçant ainsi les populations dans la pauvreté, en détruisant le maigre lien encore existant entre Palestiniens et Israéliens, on éloigne les petits espoirs de paix qui subsistent et on accroît le désarroi des Palestiniens, ajoutant du malheur au malheur.

C'est pour cela que j'interpelle aujourd'hui la ville d'Aubervilliers, mais aussi toutes celles qui font le même choix. Si réellement vous vous intéressez aux Palestiniens et que vous souhaitez que votre engagement soit productif et en phase avec vos obligations locales et nationales, abandonnez cette obsession anti-israélienne (aux frontières parfois ténues avec l'antisémitisme) et embrassez donc enfin une vraie posture propalestinienne. Mettez en avant la jeunesse dorée de Ramallah, les intellectuels, la réussite de la diaspora palestinienne, le tissu d'entrepreneurs, le tourisme, l'artisanat, le commerce. Mettez en exergue toutes les expériences réussies de vivre-ensemble. Créez une chambre de commerce Aubervilliers-Ramallah et promouvez les produits palestiniens au lieu de boycotter ceux des Israéliens. Créez des labels «produits de Palestine». S'il n'y a pas de produits palestiniens, créez-en en développant le microcrédit et en assurant à des entrepreneurs locaux ainsi constitués des débouchés pour leurs produits au sein de vos villes. Créez des associations de coopération économique, levez des fonds et embauchez des Albertivillariens jeunes diplômés ou séniors au chômage pour les envoyer en expatriés afin d'accompagner des projets entrepreneuriaux là-bas. Prenez la Palestine dans ce qu'elle a d'exemplaire. Au lieu de prendre comme symbole un intellectuel ou un entrepreneur, vous choisissez un terroriste pour représenter ce territoire et feignez ainsi de faire avancer sa cause alors qu'en réalité vous servez surtout la vôtre. Celle qui consiste à utiliser ce qui divise la communauté nationale pour mieux asseoir votre petit pouvoir de potentats locaux. Vous appliquez à la Palestine la seule recette que vous connaissez, celle que vous appliquez déjà à vos administrés, dans vos territoires respectifs, depuis quarante ans : le misérabilisme. Et pour finir soyez cohérents, vous ne pouvez d'un côté appeler les Français à ne pas faire d'amalgames entre musulmans et terroristes et dans le même temps prendre un terroriste comme incarnation de la lutte d'un peuple se réclamant de l'islam.

Annexe 7

Lettre ouverte à Lydia Guirous

(février 2021)

Lettre à Lydia Guirous, responsable politique LR, *suite à la publication de son livre* Assimilation, en finir avec ce tabou français *(L'Observatoire).*

Il est tard, mais l'heure ne veut désormais plus rien dire. Depuis le premier confinement, nous sommes totalement décalés, perdus. Le couvre-feu impose un rythme nouveau. Je profite de ce temps pour t'écrire. Chère Lydia, tu es une femme admirable sur bien des aspects. Tu es courageuse, car il en faut du courage pour s'opposer ainsi aux extrémistes islamistes. On sait à quel point ils peuvent être virulents. Tu es une femme de convictions et je te sais sincère dans ton combat contre toutes les formes d'extrémisme. C'est donc avec tout le respect possible que je t'interpelle pour te dire qu'il était difficile de plus mal choisir le titre de ton dernier essai : *Assimilation, en finir avec ce tabou français.* J'aurais pour ma part écrit exactement l'inverse et ce sera d'ailleurs le thème central de l'ouvrage que je publierai d'ici quelques mois. Je l'aurais intitulé : « Assimilation, en finir avec un dogme français. » Je crois intimement que l'assimilation est le pire des concepts, une construction intellectuelle de la gauche française dans les années 1970-80, alors qu'elle ne s'était pas encore pervertie. Cette gauche qui, avec la perte du vote ouvrier, a choisi le déshonneur en devenant la caution des pires régressistes. Il en allait de sa survie. Les progressistes d'hier sont devenus les meilleurs partisans d'une forme de ségrégation raciale inversée. Ces humanistes d'hier n'hésitent désormais plus à soutenir activement les plus antirépublicains de nos concitoyens. La République est une et indivisible, précise notre Constitution, ce que ne peut pas ignorer un Mélenchon qui s'érige pourtant depuis quelque temps en héros des séparatistes islamistes. À l'époque où la gauche était encore la gauche, est né ce concept d'assimilation. Cette idée que pour intégrer la société française quand on est étranger, il faut nier ce que l'on est et adopter l'intégralité des us et coutumes du pays accueillant dans une forme de mimétisme, le but étant de se fondre dans la masse. Cette exigence de négation de soi est probablement la pire qui soit et c'est elle qui a justement conduit au séparatisme pour des raisons que je vais préciser.

D'une part, l'intégration, ce n'est pas un processus unilatéral mais bien un processus mutuel impliquant l'accueillant et l'accueilli. Quand des étrangers arrivent sur notre sol et qu'ils s'installent durablement dans notre pays, ils viennent enrichir de leur culture et leurs différences notre société. C'est immuable depuis la nuit des temps. La France elle-même, pourtant fille aînée de l'Église, est composée de strates constituées par les vagues migratoires successives. Pour qu'il y ait enrichissement, il faut qu'il y ait intégration, pas assimilation. Sinon, aucun intérêt.

Ensuite, la négation de soi, préalable nécessaire à l'assimilation, est une hérésie en matière d'intégration, car cela conduit à une perte de repères et aboutit souvent à l'effet inverse de celui escompté : le repli identitaire qui intervient plus souvent une ou deux générations après. On ne remplace pas une identité par une autre en changeant de papiers. À cette injonction négative que tu suggères, chère Lydia, je préfère celle plus positive d'adhésion à un socle commun de valeurs. L'étranger (ou celui qui est d'origine étrangère) reste ce qu'il est, et je reste ce que je suis, mais on adhère tous deux au même récit national, aux mêmes valeurs, et c'est ainsi qu'ensemble, on fait nation. Et là, la République prend tout son sens car elle est ce dénominateur commun, ce fédérateur, ce socle, cette fondation sur laquelle on peut bâtir un édifice commun solide et pérenne. Pour aller même plus loin, si je veux intégrer correctement, je dois aider ceux qui font la démarche à rester ce qu'ils sont. Si on avait par exemple accompagné la construction de mosquées il y a quarante ans, nous aurions évité le phénomène des mosquées des caves et des parkings qui a servi de terreau aux extrémistes. Si on n'avait pas dévoyé la laïcité en la réduisant à un instrument permettant de priver une partie des petits Français de repas différenciés dans les cantines, on aurait maintenu une plus grande diversité dans les écoles de la République. Et on sait à quel point la mixité est la garantie d'une meilleure connaissance mutuelle, préalable indispensable au vivre-ensemble.

D'ailleurs, l'histoire me donne raison : il n'y a pas plus intégré que les Portugais, les juifs, les Libanais ou encore les Arméniens, et il n'y a pourtant pas moins assimilé qu'eux.

L'assimilation est un concept hors sol, fumeux et contre-nature ; et parce que rien n'est simple, il a été repris par l'extrême droite avec une autre intention, celle de pousser à l'échec ceux qui aspirent à l'intégration. En exigeant l'impossible, on démontre par l'absurde que l'intégration n'est pas réalisable. En effet, s'assimiler, c'est se fondre dans la masse, se nier, ressembler à l'accueillant. Quand je suis juif polonais ou bien catholique italien, c'est peut-être possible, mais moi par exemple, je fais comment ? Je me blanchis la peau, je défrise les cheveux qui me restent et je veille à toujours disposer d'une ou deux tranches de saucisson au cas où je croiserais quelqu'un ? Où commence l'assimilation et où s'arrête-t-elle ? Exiger quelque chose de non mesurable, d'intangible comme l'assimilation est une escroquerie intellectuelle.

L'assimilation comme son amie la tolérance induisent une forme de supériorité de l'accueillant sur l'accueilli.

Tolérer, étymologiquement, c'est supporter. C'est donc ça, le monde idéal du vivre-ensemble ? Un monde dans lequel les gens amenés à vivre ensemble se supportent ? Moi, j'aspire à un monde où les humains coexistent dans une relation d'égal à égal en prospérant sur le terreau commun des valeurs universelles de la République. Je l'ai vécu dans les années 1980 et je suis certain que c'est possible. Il y a néanmoins une condition qui demande du courage politique : renouer avec le strict respect de l'ordre public et du droit commun sur tout le territoire. Malheureusement, il semble plus facile de déporter sur les étrangers la responsabilité de la désagrégation de la société française que de s'imposer à soi cette exigence pourtant fondamentale.

Bien amicalement, Fabrice Haccoun.

Annexe 8

J'AI VU L'INTOLÉRANCE DU CAMP DU BIEN

(*L'Opinion internationale*, 2 octobre 2019)

Tribune publiée après avoir subi plusieurs agressions verbales pour avoir participé à la Convention de la droite, au même titre que Raphaël Enthoven. Lui aussi avait dû affronter la colère de ses amis.

J'ai vu le vrai visage de l'intolérance…

… et il ne ressemble pas à ce que j'imaginais. Depuis ma participation à la Convention de la droite le 28 septembre dernier, je suis souvent questionné, de temps en temps critiqué et parfois même invectivé. J'ai tenté de répondre individuellement à chacun jusqu'à ce qu'un ami que je connais depuis vingt-cinq ans refuse de me serrer la main lors de la célébration religieuse du Nouvel An juif, au cri de « retourne chez Le Pen ». J'ai instantanément compris l'ampleur du lavage de cerveau qu'avaient subi nos concitoyens ces trente dernières années mais aussi l'hypocrisie dans laquelle certains se complaisaient. J'ai finalement décidé de répondre plus globalement à l'ensemble de mes détracteurs au travers de cas néanmoins personnels.

Je commencerais par toi, mon ami, celui que j'appelle souvent mon frère. Tu n'as pas hésité à qualifier l'événement de phase préparatoire au IVe Reich, rien de moins. Toi qui nous as abreuvés pendant des jours sur Facebook de ton pèlerinage à La Mecque, tu avais l'air de nager dans le bonheur en Arabie saoudite. En même temps, on te comprend car nos concitoyens de confession chrétienne comme les juifs, comme moi, nous n'avons pas le droit de mettre un pied dans ce qui semble être un très joli lieu chargé d'histoire. Où est la cohérence dans tout cela ? Tu aurais souhaité que je boycotte un événement politique majeur au motif que s'y trouvaient quelques personnes que tu qualifies arbitrairement de racistes, mais dans le même temps, tu foules le sol d'un pays qui me considère, moi, ton frère humain, comme un singe parce que juif. Tu as le droit d'être en colère, mon ami, mais dans ce cas, viens te rendre compte par toi-même et t'exprimer à la tribune comme ont pu le faire Raphaël Enthoven ou Élisabeth Lévy, peu soupçonnables de cautionner une réunion de fascistes.

Tu as préféré condamner avec beaucoup de véhémence et aussi un peu d'approximation une manifestation à laquelle tu n'as assisté qu'au travers de BFMTV ou de LCI, ces chaînes que tu accuses par ailleurs régulièrement de désinformation quand elles traitent des sujets ayant trait à l'islam. Ta colère était telle que tu as d'ailleurs manqué à la plus élémentaire des prudences en appelant sur Facebook, je cite, tes « amis juifs et francs-maçons qui se reconnaîtront » à ne pas cautionner par leur présence un tel événement. N'importe quelle personne capable de résoudre une équation à une inconnue (niveau CM2) aura vite fait de comprendre de qui tu parlais.

Je poursuivrai avec toi, ma cousine. Toi qui ne parles jamais de politique, dimanche, tu étais sous le choc. De Tel-Aviv, où tu viens de voter Benjamin Netanyahou, tu m'as sermonné pour ma présence dans la même salle que Marion Maréchal. À l'instar de l'ami cité précédemment, tu as condamné sans rien savoir de ce qu'était cette convention ni pourquoi j'y étais. Tu ne m'as pas questionné, tu m'as jugé sans chercher à comprendre tout comme l'idiot qui a refusé de me serrer la main. Oui, en fait, pour être précis, tu as suivi l'événement via les médias, ceux que tu vilipendes à longueur de temps pour la partialité dont ils font preuve lorsqu'ils traitent du conflit israélo-palestinien. Je ne me focalise pas sur toi, ma cousine, mais je m'adresse à travers toi à certains de nos concitoyens dont le motif principal de l'Alya a été l'islamisation supposée de la France. C'est marrant, mais j'ai déjà entendu ça quelque part, ah oui, précisément dans la bouche de ceux qu'on me reproche d'avoir côtoyés l'espace d'un après-midi. Vous, mes amis français d'Israël, vous encensez Trump et Bolsonaro à longueur de posts, vous votez Netanyahou en hurlant aux orfraies quand la presse française le qualifie d'extrême droite, mais vous perdez soudain toute forme de rigueur intellectuelle quand il s'agit de politique française. En France aussi, il existe comme chez vous maintenant des gens qui souhaitent défendre leur territoire, leurs valeurs et leur identité pluriséculaire, cela ne vous rappelle rien ? Ils veulent défendre, certes parfois maladroitement, ce beau pays que vous avez choisi de quitter quand moi j'ai décidé de rester pour continuer à y construire. Je n'ai pas jugé votre choix, ne jugez pas le mien. Il est temps de remettre un peu de sérieux, de raison et de cohérence dans tout ça.

Alors pourquoi j'y étais ? Afin d'être didactique, je répondrai, vous me le pardonnerez, de manière un peu mécanique.

1) J'ai accepté l'invitation car j'appelle depuis des années de mes vœux à l'unité de la droite républicaine, du centre libéral à la droite nationale. Une droite décomplexée et assumée. Je dénonce depuis toujours l'hypocrisie et le cynisme que représente l'ostracisation du Front national par les autres partis politiques. Ce parti que j'ai toujours combattu par les idées a clairement été instrumentalisé, ce qui était facile au regard de la personnalité de son fondateur. Jamais je n'ai envisagé de le rejoindre, mais jamais non plus je n'ai adhéré à cet hypocrite cordon sanitaire. « Mettez-vous à la place du Français qui gagne avec son épouse quinze mille francs, qui habite à la Goutte-d'Or où j'étais il y a quelques jours avec Alain Juppé et qui a en face de chez lui une famille africaine. Si vous ajoutez à cela le bruit et l'odeur… » Je vous épargne la totalité de la citation, car

vous l'aurez reconnue. Elle vient de celui qui a décidé de ce cordon sanitaire : feu Jacques Chirac !

Ces derniers jours, le président Macron a lui-même repris la quasi-intégralité des thématiques développées depuis des années par le FN devenu RN, sentant que le sujet de l'immigration devenait plus que prégnant. Je citerais volontiers aussi François Hollande qui dans le livre de Gérard Davet et Fabrice Lhomme, *Un président ne devrait pas dire ça*, livre une vision de l'immigration, de l'islam et de l'identité que Le Pen père et grand-père ne renieraient pas : « Il y a des choses qui les taraudent [les Français], ils arrivent dans un train, ils voient des barbus, des gens qui lisent le Coran, des femmes voilées… » Il y parle aussi de « l'insécurité culturelle » qu'il affirme être une réalité. Il ajoute : « Je pense qu'il y a trop d'arrivées, d'immigration qui ne devrait pas être là », etc. Un chapitre entier de propos pour lesquels un Le Pen ou un Hortefeux aurait été largement condamné.

Alors oui, je l'affirme, ce cordon sanitaire est une hypocrisie qui a morcelé la droite (c'était l'objectif et le piège) et radicalisé tous ceux qui, tout en étant sensibles aux thèses de la droite nationale, n'avaient aucune affinité avec le fascisme, le racisme et l'antisémitisme revendiqués et assumés de Jean-Marie Le Pen. Le vote FN a longtemps exprimé une souffrance qui, même si elle saute aux yeux de tous aujourd'hui, continue à être niée. Ce cordon sanitaire associé à un mode de scrutin brutal a été un pur déni de démocratie. À tel point que les communistes qui n'ont rien renié de l'idéologie aux cent millions de morts, celle de Mao, Staline et Pol Pot, ont eu pendant longtemps bien plus d'élus que le FN, alors qu'ils ne représentaient plus rien électoralement. Ostracisés et néanmoins jamais interdits, preuve s'il était nécessaire de l'immense hypocrisie qu'a représentée pendant des décennies cette politique à laquelle il est temps de mettre fin.

2) Je m'y suis rendu car il n'est pas question que je laisse à des gens que je considère comme trop radicaux la main sur

une telle initiative. Je ne crois pas du tout aux gesticulations verbales, mais je pense que le meilleur moyen d'influencer un mouvement, c'est de l'intégrer. Oui, cette convention était imparfaite car beaucoup trop orientée sur des thèmes identitaires et sur l'islam. Dans une totale liberté, à peine hué et beaucoup applaudi, Raphaël Enthoven a étrillé ceux qui l'invitaient. Imaginez seulement si une personne de droite avait osé une telle impertinence à la fête de l'Huma ! Il n'en serait pas ressorti entier. Jean-Paul Delevoye, qui y a évoqué la réforme des retraites, pourrait en témoigner.

Je vous demande donc : de quel côté est l'intolérance ? Élisabeth Lévy, remarquable dans sa harangue contre les amalgames, Laurent Alexandre, Laurent Obertone et quelques autres encore, dont moi-même, sommes venus pour parler librement et avons pu le faire. Nous avons tous néanmoins un point commun. Nous avons perdu des amis de ce fait. Enthoven a même commencé son intervention en expliquant cela. Alors je vous le demande une deuxième fois : dans quel camp est l'intolérance ?

3) J'y suis allé ensuite car je crois profondément au dialogue et que je souhaitais me rendre compte par moi-même de ce qu'était cette Convention. La thématique sur laquelle je suis intervenu, « Fiscalité française : un enfer pavé de bonnes intentions », était importante à porter. Je ne regrette rien. L'auditoire, d'un excellent niveau, a su apprécier la variété des intervenants. La presse a focalisé sur Éric Zemmour, occultant totalement tout le reste, y compris les débats d'excellente facture.

4) Et enfin car sur un plan plus philosophique, je pense que le refus des amalgames doit s'appliquer à tous. Un jour, pour condamner les odieux amalgames dont faisaient l'objet les musulmans, j'ai publié une tribune sur Nouvelobs.com. Elle s'intitulait : « Pour sauver la République, cette focalisation sur l'islam doit cesser ». J'y ai écrit : « Je refuse de condamner un homme pour les fautes d'un autre, fût-il son frère. » Eh bien de la même manière, je refuserai toujours de

condamner une femme pour les fautes d'un autre, fût-il son grand-père. Concernant Marion Maréchal, et même si je suis loin de partager toutes ses idées, au nom de quoi la condamnerais-je ? Nos désaccords ? Quand on n'est pas d'accord, on ne condamne pas, on dialogue, certains semblent l'avoir largement oublié. J'ai pour ma part très peu de respect et de considération pour ce que le regretté Pierre Desproges appelait « le petit tribunal du peuple ».

« Quand l'homme montre la lune, l'imbécile regarde le doigt. » Depuis près de quarante ans, les dirigeants successifs de ce pays l'ont laissé sombrer. Malgré un taux de prélèvements obligatoires parmi les plus hauts au monde, un taux confiscatoire, spoliateur, dissuasif et punitif, aucune des missions de l'État n'est correctement menée. Éducation nationale en berne, hôpital public au bord de l'explosion, Défense nationale incapable de mener correctement ses missions, Police et Justice dans un état misérable (*dixit* Corinne Lepage). Tout cela dans un climat sécuritaire et social délétère. Chômage de masse structurel, déficits des comptes publics, déficit des comptes sociaux, explosion de la pauvreté, je pourrais continuer cette liste presque à l'infini. Alors pour se dédouaner et plutôt que d'avoir enfin le courage politique d'agir, les gouvernements qui se sont succédé ont préféré stigmatiser ceux des Français qui souffraient le plus et le parti qui tente de les fédérer. Voilà pourquoi le FN a été pendant des années le chiffon rouge de l'incurie politique française.

Alors oui, il y a en France une montée du racisme et de toutes les formes de rejet, mais à qui la faute sinon à ceux qui ont mis par carriérisme, électoralisme et parfois incompétence le pays dans cet état ? Ils ont distribué sans compter des milliards d'argent public en menant une politique sociale de redistribution improductive. N'importe quel étudiant en première année d'économie aurait pu leur dire que mener une politique de soutien à la consommation quand on ne produit quasiment plus rien, c'est suicidaire. Suicidaire mais démagogique. Et ensuite ils osent accuser les autres de populisme. Mais ce sont eux les populistes.

Aujourd'hui, la convention de la droite a vocation à se poursuivre comme un espace libre de dialogue à droite et demain peut-être un instrument de reconquête du pouvoir, une alternative destinée à permettre de remplacer les dogmatiques – populistes au pouvoir depuis des décennies – par des réalistes – pragmatiques.

Quant à l'intolérance dont nous sommes accusés, de quel camp vient-elle en réalité, je vous le demande encore ?

Je reprendrai en conclusion cette citation de Roberto Benigni : « Pour le fanatique, il y a toujours deux opinions possibles, la sienne et la mauvaise, ceci est le point de vue du fanatique. » Après les réactions des « progressistes » suite à la Convention de la droite, je sais désormais qui sont les fanatiques, et ce ne sont pas ceux qu'on imagine.

Annexe 9

L'*ABAYA*, OU LA MODE POLITISÉE

(i24news, 30 août 2023)

Le débat de la rentrée est lancé et sans surprise il est lié à l'islam. Repas différenciés, burkini, tchador, *burka* et aujourd'hui *abaya* (je ne sais par quel miracle le phénomène endémique des claquettes-chaussettes a échappé à cette logique). Les ressorts sont les mêmes que, pour le marketing, quand on nous ressert un produit *vintage* remis au goût du jour grâce à un changement d'appellation.

En 2014, j'écrivais un article intitulé « Pour sauver la République, cette focalisation sur l'islam doit cesser[1] ». Déjà, à l'époque, je soulignais l'hérésie que constituaient ces gesticulations autour du culte musulman. Alors, pourquoi n'arrive-t-on pas à sortir de ce cercle infernal qui fracture en profondeur la société française et conduit peu à peu au redouté et redoutable séparatisme ?

Si cette situation est le fruit de raisons multiples, elles ont toutes pour origine la même erreur fondamentale : une erreur essentielle dans la qualification des faits. Nous catégorisons comme religieux un problème qui est en réalité politique. De ce fait, nous partons d'un mauvais postulat et les solutions ne peuvent être que biaisées. Nous tombons dans le piège absurde de « guerre de religion » ou « civilisationnelle » tendu par ceux qui cherchent l'affrontement et le chaos.

1. Voir Annexe 2, p. **000**.

En effet, attaquer le sujet de l'*abaya* sur le fondement de la laïcité est contre-productif et juridiquement contestable, puisque c'est précisément la laïcité qui, en établissant la liberté de conscience, de culte et la neutralité des pouvoirs publics en la matière, permet théoriquement le port de ce vêtement. En choisissant ce fondement, on est donc incohérent et on prête le flanc à la critique et à la contestation. Rien, dans la laïcité, n'interdit le signe ostentatoire religieux, puisque la neutralité consubstantielle à ce principe républicain concerne les pouvoirs publics, pas les citoyens. Typiquement, un Sikh enturbanné ne poserait sur le principe aucun problème. C'est donc sur le terrain politique qu'il faut aller.

Si l'*abaya* dérange, tout comme d'autres attributs censés (je dis bien censés) incarner l'islam, ce n'est pas parce que ce sont des signes ostentatoires religieux, mais parce qu'ils sont érigés en étendards d'un système politique velléitaire antagoniste au nôtre. En effet, tout comme le judaïsme, l'islam n'est pas une religion mais un système politique qui régit l'ensemble des aspects de la vie. Chez les juifs, ce corpus juridique s'appelle la *halakha*; chez les musulmans, la *charia*. Le judaïsme s'étant sécularisé, il a réussi tout comme le catholicisme à une époque, à séparer le temporel du spirituel et à « rendre à D.ieu ce qui est à D.ieu et à César ce qui est à César », pour reprendre la formule consacrée de Jésus, citée par le pape Jean-Paul II lorsqu'il s'est prononcé sur la laïcité de la France, pourtant « fille aînée de l'Église ».

C'est donc sur le terrain politique qu'il faut lutter contre ce phénomène. En choisissant ce ressort, on combat les tentatives délétères des partisans de l'islam politique d'imposer un système létal pour la démocratie française, tout en évitant le principal point faible de la lutte contre l'islamisme : l'écueil de la stigmatisation.

En effet, si les pouvoirs publics ont jusqu'à présent échoué dans cette lutte, c'est que les islamistes soutenus par l'extrême gauche (orpheline de la lutte des classes) brandissent systématiquement les accusations fallacieuses d'islamophobie et de racisme. Ils se servent ainsi de l'ensemble des musulmans comme de boucliers humains. Ceux-ci sont les otages d'un combat politique qui les dépasse, pris dans le feu croisé entre les thuriféraires de l'islam politique d'un côté et les identitaires réactionnaires de l'autre.

Il faut donc sortir de cette ornière en réaffirmant fermement, mais sans jugement de valeur, ce qu'est la République : un système politique exclusif de tout autre qui place l'individu au cœur de son fonctionnement, contrairement à la *charia* pour laquelle c'est la communauté solidaire et indivisible des croyants (l'*oumma*) qui compte. Réaffirmer que, tout comme nous n'aurions aucune légitimité à imposer les valeurs républicaines à un pays régi par la loi islamique, nous ne pouvons tolérer l'imposition d'un autre système que le nôtre en France. Qu'en échange de tous les avantages qu'elle offre, la République exige que son modèle politique soit respecté. Que la France a le droit et le devoir de refuser l'affichage de tout signe marquant l'inféodation à une loi parfois contraire à la sienne, qu'on ne la défie pas sans en assumer les conséquences.

Elle doit affirmer aussi que l'orthopraxie religieuse n'a pas sa place dans l'espace public car l'expérience montre que, lorsqu'on permet qu'il soit investi par le religieux, ce sont tous ceux qui pensent différemment qui n'y disposent plus de ces libertés fondamentales – et c'est valable pour toutes les religions.

La France a imaginé que, pour faciliter l'assimilation, il fallait créer un vide et a remisé ses valeurs. Or la nature n'aime pas le vide et c'est un autre système qui tente logiquement de se substituer. Il est donc impératif de rendre à nouveau la République désirable en la revitalisant. C'est ce que j'appelle « rallumer les Lumières ».

Il faut en finir avec les gesticulations d'une extrême gauche pervertie et manœuvrière qui tente d'exister jouant sur le diptyque victimisation-culpabilisation, et aussi celles de pouvoirs publics complexés et couards qui tombent dans le piège en punissant l'ensemble des musulmans pour éviter d'avoir à s'attaquer à la racine du mal. Et là se pose le problème de l'absence de vision des politiques. Tout comme en matière industrielle ou en santé publique par exemple, les premières questions à se poser sont : quelle vision politique avons-nous pour ce pays ? Quel est le visage que nous voulons pour la France dans vingt ans ? Voulons-nous d'une France multiculturelle, un millefeuille de communautés qui vivent au mieux dans la défiance, au pire dans le conflit, ou voulons-nous une France unie autour d'un socle de valeurs partagées dont la liberté individuelle, l'égalité, la fraternité et la solidarité nationale sont les pivots ?

Une fois cette vision partagée, en découlent des mesures. Si c'est, comme je le pense, la deuxième option qui est souhaitée, alors donnons-nous les moyens en restaurant très fermement l'autorité de l'État sur tout le territoire, en réhabilitant en profondeur l'école publique, en rénovant toutes les institutions régaliennes afin de les adapter à la nouvelle donne sociologique et en réaffirmant, sans aucune contestation possible, que la République est une et indivisible. Que chacun, quelles que soient sa couleur, ses opinions ou sa religion, est le bienvenu tant qu'il adhère à ce principe, mais que rien ne le retient ici si ce n'est pas le cas. Que les droits offerts par la République le sont en échange de devoirs.

Pour résumer, la France doit cesser de se galvauder pour redevenir respectable et respectée. La France ne sera pas meilleure quand les femmes voilées auront disparu de l'espace publique, mais quand les valeurs de la République domineront à tel point sans conteste que ces femmes ne seront plus vues comme autre chose que des composantes de la diversité humaine qui fait notre richesse.

Table

Annexes

Remerciements

Toute ma gratitude à Michaël Darmon et à Sébastien Boussois, pour leur accompagnement si précieux.

Cet ouvrage a été composé
par Soft Office à Eybens (Isère)

Impression réalisée sur Roto-Page

par l'Imprimerie Floch
à Mayenne (Mayenne)

en décembre 2023
pour le compte des Éditions de l'Archipel
département éditorial
de la S.A.S Écriture-Communication

#lisez! engagé
www.lisez.com
Pour plus d'information :
Imprimé sur du papier issu de forêts gérées durablement.

N° d'impression : 103877
Dépôt légal : janvier 2024
Imprimé en France